AS 21 INDISPENSÁVEIS QUALIDADES DE UM LÍDER

John C. Maxwell

As 21 indispensáveis qualidades de um líder

As virtudes fundamentais para conduzir uma equipe ao sucesso

Tradução
Josué Ribeiro

Thomas Nelson
BRASIL®

Rio de Janeiro, 2025

Título original
The 21 indispensable qualities of a leader

Copyright © 1999 por Maxwell Motivation, Inc., a Georgia Corporation.
Edição original por Thomas Nelson, Inc. Todos os direitos reservados.
Copyright da tradução © Vida Melhor Editora LTDA., 2007.

PUBLISHER	Omar de Souza
EDITORES	Aldo Menezes e Samuel Coto
COORDENAÇÃO DA PRODUÇÃO	Thalita Ramalho
TRADUÇÃO	Josué Ribeiro
REVISÃO	Margarida Seltmann,
	Magda de Oliveira Carlos
	e Cristina Loureiro de Sá
CAPA	Valter Botosso
DIAGRAMAÇÃO	Julio Fado

CIP-BRASIL. CATALOGAÇÃO-NA-FONTE
SINDICATO NACIONAL DOS EDITORES DE LIVROS, RJ

M419v

Maxwell, John C., 1947-
As 21 indispensáveis qualidades de um líder: As virtudes fundamentais para conduzir uma equipe ao sucesso/John C. Maxwell; traduzido por Josué Ribeiro. - 2.ed. - Rio de Janeiro: Thomas Nelson Brasil, 2015.

Tradução de: The 21 indispensable qualities of a leader
ISBN 978.85.6699.721-7

1. Liderança. 2. Aptidão - Aspectos psicológicos. 3. Sucesso nos negócios. I. Título.

07-3329.
CDD: 158.4
CDU: 159.9:316.46

Thomas Nelson Brasil é uma marca licenciada à Vida Melhor Editora LTDA.
Todos os direitos reservados à Vida Melhor Editora LTDA.
Rua da Quitanda, 86, sala 601-A – Centro – 20091-005
Rio de Janeiro – RJ – Brasil
Tel.: (21) 3175-1030
www.thomasnelson.com.br

SUMÁRIO

Agradecimentos 9
Introdução 11

1. CARÁTER 15
Seja uma parte da rocha

2. CARISMA 21
A primeira impressão pode selar o acordo

3. COMPROMETIMENTO 27
Distingue os empreendedores dos sonhadores

4. COMUNICAÇÃO 33
Sem ela, você viaja sozinho

5. COMPETÊNCIA 39
Se você a construir, eles virão

6. CORAGEM 45
Uma pessoa com coragem é a maioria

7. DISCERNIMENTO 51
Ponha um fim aos mistérios insolúveis

8. Foco 57
Quanto mais preciso, mais perspicaz você será

9. Generosidade 63
Sua vela não perde luz ao acender outra

10. Iniciativa 69
Não saia de casa sem ela

11. Ouvir 75
Para conectar-se ao coração deles, use seus ouvidos

12. Paixão 81
Pegue esta vida e ame-a

13. Atitude positiva 87
Crer é poder

14. Solução de problemas 93
Não permita que os problemas sejam um problema

15. Relacionamentos 99
Se você se relacionar bem com as pessoas, elas se relacionarão bem com você

16. Responsabilidade 105
Se você não tomar as rédeas, não conseguirá liderar o time

17. Segurança 111
A competência nunca elimina a insegurança

18. Autodisciplina 117
A primeira pessoa que você lidera é você mesmo

19. Ser prestativo 123
Para estar na frente, coloque os outros em primeiro lugar

Sumário

20. Educabilidade 129
Para continuar a liderar, continue a aprender

21. Visão 135
Você só toca aquilo que vê

Conclusão 141

AGRADECIMENTOS

Sou grato a toda a equipe da Editora Thomas Nelson por dedicar-se com afinco e realizar um excelente trabalho em todos os meus livros.

Gostaria de agradecer aos membros da equipe do INJOY Group — Linda Eggers, assistente administrativa; Brent Cole, assistente de pesquisa, e Stephanie Wetzel, revisora de provas — por me fazerem melhor do que sou.

Preciso agradecer também a Charlie Wetzel, meu redator, que multiplica meu tempo e influência por meio de seu trabalho.

Introdução

O QUE LEVA AS PESSOAS A DESEJAREM SEGUIR UM LÍDER? POR QUE SE SUJEITAM RElutantemente a um líder enquanto seguem outro com entusiasmo até os confins da terra? O que separa os teóricos em liderança dos líderes bem-sucedidos que comandam efetivamente no mundo real? A resposta reside nas qualidades de caráter de cada indivíduo.

Meu amigo, você sabe se possui o necessário para se tornar um grande líder, do tipo que atrai as pessoas e faz as coisas acontecerem? Ou seja, se você parasse para olhar dentro de si, encontraria as qualidades de que precisa para a realização de seus sonhos mais ousados, tão grandes que jamais compartilhou com outras pessoas? Essa é a pe rgunta que todos nós temos de ter a coragem e honestidade de fazer — e responder —, se desejamos alcançar nosso verdadeiro potencial.

Escrevi este livro a fim de ajudá-lo a reconhecer, desenvolver e aprimorar as características pessoais necessárias a um líder eficiente, do tipo que as pessoas *desejam* seguir. Se você já leu *As 21 irrefutáveis leis da liderança*, sabe que tornar-se um líder requer tempo. A Lei do Processo diz que a liderança se cultiva dia a dia, não em um só dia. Parte do desenvolvimento de um líder vem do aprendizado das leis da liderança, pois elas são as ferramentas que ensinam como a liderança funciona. Entretanto, *entender* a liderança e *liderar* de fato são duas atividades distintas.

Conversei recentemente com meu amigo Bill Freeman, presidente da Watkins Associated Industries, Inc., uma das maiores empresas de transporte privadas dos Estados Unidos. Bill é um excelente executivo e, como todo bom líder, está sempre buscando meios de aprender e crescer.

— Já estou quase na metade de seu livro — ele me disse, referindo-se ao já mencionado *As 21 irrefutáveis leis da liderança*.

— Está causando um grande impacto em mim.

Então Bill disse algo que causou um grande impacto em mim.

—Vou lhe dizer como estou fazendo — ele continuou. — Toda manhã leio um capítulo do livro. Durante todo o dia reflito sobre aquela lei. Enquanto trabalho, olho para dentro de mim e pergunto: "como estou aplicando essa lei de liderança?" Olho as pessoas no escritório, procurando ver se elas a aplicam. Avalio toda a companhia de acordo com a lei, observando, examinando e refletindo. Para cada manhã, uma lei diferente. É surpreendente.

Bill realmente me animou. De fato, foi o comentário dele que me inspirou a escrever este livro. A abordagem que Bill faz de seu próprio desenvolvimento como líder é de dentro para fora, como deve ser. Os líderes são eficientes por aquilo que são no interior — pelas qualidades que possuem como pessoa. Para chegar ao nível mais elevado de liderança, é preciso desenvolver esses traços de dentro para fora.

Depois de conversar com Bill, passei um tempo refletindo sobre as características dos melhores líderes que conheço, aqueles que as pessoas realmente desejam seguir. Busquei aspectos comuns; conversei com outros líderes e ouvi suas opiniões; e pesquisei líderes que causaram impacto na história. Desenvolvi uma lista de 21 qualidades que todos os grandes líderes possuem. Essas características são descritas e ilustradas neste livro, que complementa *As 21 irrefutáveis leis da liderança*.

À medida que mergulhar neste livro, você pode achar que é capaz de passar por vários capítulos de uma só vez. Pode até mesmo acabar com o livro todo em uma só tacada. Não faça isso. *As 21 indispensáveis qualidades de um Líder* deve ser assimilado do modo como fez Bill Freeman: estratégica e metodicamente.

Quero encorajá-lo a conviver com este livro por um certo período. Leia um capítulo e dedique algum tempo a ele para refletir, rever e renovar. Se a qualidade sobre a qual estiver lendo pertencer a uma área deficiente em sua vida, dedique mais tempo a ela, antes de passar para o próximo capítulo. Você pode até mesmo querer repetir esse processo várias vezes ao longo de um ano, para consolidar cada aspecto de seu caráter.

Tudo gira em torno da liderança. Ela, na verdade, desenvolve-se de dentro para fora. Se *interiormente* você puder se tornar o líder que *deve* ser, será capaz de tornar-se *exteriormente* o líder que *deseja* ser. As pessoas desejarão segui-lo. E, quando isso acontecer, você será capaz de lidar com qualquer coisa neste mundo.

1. Caráter

Seja uma parte da rocha

Liderar é ter a capacidade e vontade de mobilizar homens e mulheres para um objetivo comum e ter o caráter que inspira confiança.
Bernard Montgomery, *marechal de campo britânico*

Nunca, "pelo bem da paz e da tranquilidade", negue sua experiência e convicções.
Dag Hammarskjöld, *estadista e Prêmio Nobel da Paz*

Arriscando tudo

Se, ao viajar, você esteve em pequenos aeroportos ou tem muita experiência com aviões fretados, provavelmente já viu ou voou em um *Learjet*. Tive oportunidade de voar nesse avião algumas vezes, e a experiência é bastante incomum. Eles são pequenos — com capacidade para apenas cinco ou seis passageiros — e muito rápidos. É como entrar em um tubo estreito com turbinas amarradas a ele.

Tenho de admitir que toda a experiência de voar em um *Learjet* é muito divertida. No entanto, a coisa mais impressionante para mim é o tempo que se economiza. Tenho literalmente milhões de milhas em viagens aéreas, e estou acostumado a longos percursos até aeroportos, devolução de carros alugados, ponte aérea, congestionamento em terminais e atrasos aparentemente intermináveis. Pode ser um pesadelo. Ao viajar em um *Learjet*, pode-se cortar pela metade o tempo de duração da viagem.

O pai dessa incrível aeronave foi um homem chamado Bill Lear. Inventor, aviador e empresário, Lear registrou mais de 150 patentes, incluindo as de piloto automático, rádio para automóvel e fitas para gravação (não se tem como saber tudo). Lear foi um pioneiro com suas ideias e, nos anos 50, percebeu o potencial para a fabricação de pequenos *Learjet*. Levou vários anos até realizar seu sonho, mas em 1963 o primeiro *Learjet* fez sua viagem inaugural. Em 1964, Bill Lear entregou a primeira produção de jatos a um cliente.

O sucesso de Lear foi imediato e rapidamente vendeu muitas aeronaves. Entretanto, pouco tempo depois do início de sua produção, Lear soube que dois de seus aviões tinham caído em circunstâncias misteriosas. Ficou arrasado. Na época, 55 *Learjets* pertenciam a empresas privadas, e Bill Lear pediu imediatamente aos proprietários que mantivessem os aviões em terra até que ele e sua equipe descobrissem o que causara os acidentes. A ideia de que mais vidas poderiam ser perdidas era mais importante para Bill do que qualquer publicidade negativa que sua ação pudesse gerar.

Ao investigar os aviões envolvidos nos acidentes, Lear descobriu uma possível causa, mas não poderia verificar o problema técnico no solo.

Só havia um meio de determinar se ele diagnosticara corretamente o problema. Teria de tentar recriá-lo pessoalmente — no ar.

Era um processo perigoso, mas foi o que ele fez. Quando decolou com o jato, por pouco não perdeu o controle e quase teve o mesmo destino dos outros dois pilotos. Conseguiu, porém, terminar os testes e comprovar o defeito. Lear desenvolveu uma nova peça para corrigir o problema e instalou-a em todos os 55 aviões, eliminando o perigo.

Recolher os aviões custou muito dinheiro a Lear. E plantou sementes de desconfiança na mente de potenciais clientes. Como resultado, precisou de dois anos para recuperar a estabilidade no negócio. Entretanto, Lear jamais se arrependeu de sua decisão. Estava disposto a arriscar seu sucesso, sua fortuna e mesmo sua vida para solucionar o mistério da queda dos dois aviões — mas não arriscaria sua integridade. E para isso é preciso ter caráter.

Fundamentação

O modo como o líder trata das circunstâncias da vida diz muito sobre seu caráter. As crises não formam necessariamente o caráter, mas certamente o revelam. A adversidade é uma encruzilhada que obriga a pessoa a escolher um dos dois caminhos: o caráter ou a concessão. Toda vez que a pessoa escolhe o caráter, torna-se mais forte, ainda que a escolha traga consequências negativas. Como o escritor Alexander Solzhenitsyn, ganhador do Prêmio Nobel, observou: "O significado da existência terrena não reside — como fomos acostumados a pensar — na prosperidade, mas sim no desenvolvimento da alma." O desenvolvimento do caráter está no centro de nosso progresso não só como líderes mas também como seres humanos.

O que toda pessoa deve saber sobre caráter?

1. Caráter é mais do que falar

Qualquer um pode dizer que tem integridade, mas a ação é o verdadeiro indicador do caráter. Seu caráter determina quem você é. Quem você é determina o que você vê. O que você vê determina aquilo que você faz. Por isso, nunca se pode separar o caráter de um líder de suas ações.

Se as ações e intenções de um líder estão continuamente se contradizendo, observe então o caráter dele para descobrir o porquê.

2. Talento é um dom, mas caráter é uma escolha

Não temos controle sobre muitas coisas na vida. Não escolhemos nossos pais. Não escolhemos o local ou as condições de nosso nascimento e crescimento. Não podemos selecionar nossos talentos e QI. Entretanto, escolhemos nosso caráter. De fato, nós o criamos cada vez que fazemos uma escolha — escapar de uma situação difícil ou conseguir resolvê-la, esconder a verdade ou permanecer firme sob o peso dela, ganhar dinheiro fácil ou pagar o preço. À medida que você vive e faz escolhas hoje, está continuamente criando seu próprio caráter.

3. Caráter traz sucesso duradouro com as pessoas

A verdadeira liderança sempre envolve outras pessoas (como diz o ditado sobre liderança: se você pensa que está liderando, e ninguém o segue, então você está apenas passeando). Os seguidores não confiam em líderes cujo caráter apresenta falhas nem os seguirão.

4. Os líderes não podem estar acima das limitações do próprio caráter

Você já viu pessoas altamente talentosas que se desestruturam ao alcançar certo nível de sucesso? A explicação desse fenômeno é o caráter. Steven Berglas, psicólogo da Faculdade de Medicina de Harvard e autor do livro *The Success Syndrome*, diz que as pessoas que conquistam altas posições mas não têm estrutura para sustentá-las durante o período de estresse caminham para o desastre. Berglas acredita que essas pessoas estão destinadas a passar por uma ou mais destas quatro situações: *Arrogância*, sentimentos dolorosos de *solidão*, *busca de aventuras* destrutivas ou *adultério*. Qualquer uma delas é um preço terrível a pagar pela fraqueza de caráter.

Reflexão

Se você se sente tragado por uma dessas quatro áreas identificadas por Berglas, tire um tempo para descansar. Faça o que for necessário para se afastar do estresse de seu sucesso e procure ajuda profissional. Não pense que o vale no qual você se encontra desaparecerá com o tempo, mais dinheiro ou aumento de prestígio. Falhas de caráter que não recebem atenção com o tempo só se tornam mais profundas e destrutivas.

Ainda que você não esteja enfrentando dificuldades em nenhuma dessas quatro áreas, deve analisar seu caráter. Pergunte-se se suas palavras e ações são coerentes — o tempo todo. Quando você diz que vai concluir uma tarefa, sempre vai até o fim? Se você diz a seus filhos que irá à apresentação ou ao jogo deles, você comparece? As pessoas podem confiar em seu aperto de mão, como confiariam em um contrato legal?

Ao liderar outras pessoas em casa, no trabalho ou na comunidade, reconheça que seu caráter é seu traço mais importante. G. Alan Bernard, presidente da Mid Park Inc., afirmou que "para obter o respeito que a liderança exige é necessária uma ética inquestionável". Um líder não só permanece acima do limite entre certo e errado, mas também fica bem distante das "áreas cinzentas".

Reforço

Para melhorar seu caráter, faça o seguinte:
- *Procure as falhas.* Dispense algum tempo para observar as principais áreas de sua vida (trabalho, casamento, família, igreja etc.) e identifique em que área você fez algo às pressas e negligentemente, fez concessões ou desapontou alguém. Anote cada exemplo de que consiga se lembrar ocorridos nos últimos dois meses.
- *Procure padrões.* Examine as respostas que acabou de anotar. Há alguma área, em particular, em que você tenha pontos fracos ou um tipo de problema que se mantém aparente? Os padrões já detectados o ajudarão a diagnosticar os problemas de caráter.
- *Enfrente as consequências.* Você começa a ajustar seu caráter ao enfrentar as falhas, desculpar-se e lidar com as consequências de suas ações. Faça uma lista de pessoas para as quais precisa pedir desculpa por suas ações e desculpe-se sinceramente com cada uma delas.

- *Reconstrua.* Uma coisa é enfrentar com determinação os erros do passado, outra é construir um futuro novo. Agora que você identificou as áreas com pontos fracos, crie um plano que o previna de cometer os mesmos erros novamente.

Ação diária

Um homem levou sua filha a uma quermesse, e ela correu imediatamente para uma barraca e pediu algodão-doce. Quando o atendente entregou à menina um algodão-doce enorme, o pai lhe perguntou:

— Querida, tem certeza de que pode comer tudo isso?

— Não se preocupe, papai — ela respondeu —, sou bem maior por dentro do que por fora.

Aí está o verdadeiro caráter — ser maior por dentro.

2. Carisma

A primeira impressão pode selar o acordo

Como você pode ter carisma? Preocupe-se mais em fazer as outras pessoas se sentirem bem em relação a elas mesmas do que em relação a você.
  Dan Reiland, *vice-presidente do Desenvolvimento de Liderança, INJOY*

Estou para conhecer o homem que, por maior que seja sua posição, não tenha feito um trabalho melhor e com maior empenho sob uma atitude de aprovação do que sob uma atitude de crítica.
  Charles Schwab, *industrial*

O mais inteligente da Inglaterra

Durante a segunda metade do século 19, dois homens fortes disputavam a liderança do governo britânico: William Gladstone e Benjamin Disraeli. Os dois políticos eram grandes rivais. Você pode perceber o que sentiam um pelo outro por um comentário feito certa vez por Disraeli: "A diferença entre um infortúnio e uma calamidade? Se Gladstone caísse no Tâmisa, seria um infortúnio. Entretanto, se alguém o tirasse de lá, seria uma calamidade."

Muitas pessoas acreditam que Gladstone, líder do Partido Liberal durante três décadas, personificava as melhores qualidades da Inglaterra vitoriana. Funcionário público de carreira, era um ótimo orador, mestre em finanças e um homem de moral firme. Foi nomeado primeiro-ministro do Reino Unido em quatro períodos diferentes, a única pessoa na história do país a obter tal honra. Sob sua liderança, estabeleceu-se na Grã-Bretanha um sistema educativo nacional, instituíram-se reformas parlamentares, e um número significativo de pessoas da classe proletária teve direito a voto.

Benjamin Disraeli, que ocupou duas vezes o cargo de primeiro-ministro, tinha um histórico de tipo diferente. Aos 30 e poucos anos, entrou para a política e ficou conhecido pela diplomacia e como um reformador social. Sua maior realização, porém, foi o planejamento da compra de ações do Canal de Suez pela Grã-Bretanha.

Embora os dois tenham realizado muito em prol da Inglaterra, o que realmente os diferenciava era a maneira de lidar com as pessoas. A diferença pode ser mais bem ilustrada pela história contada por uma jovem que participou de um jantar com os dois estadistas rivais em noites consecutivas. Quando lhe pediram sua opinião sobre eles, ela disse: "Quando deixei a sala de jantar, depois de ter-me sentado perto do Sr. Gladstone, o considerei o *homem* mais inteligente da Inglaterra. Na noite seguinte, porém, depois de me sentar ao lado do Sr. Disraeli, achei-me a *mulher* mais inteligente da Inglaterra." Disraeli possuía uma qualidade que atraía as pessoas a ele e fazia que desejassem segui-lo. Tinha carisma.

Fundamentação

Muitas pessoas acham que o carisma é algo místico, quase indefinível. Pensam que ou se nasce com essa qualidade ou nada feito. Isso, porém, não é verdade. Carisma, dito de forma simples, é a habilidade de atrair pessoas para si e, como outros traços de caráter, ele pode ser desenvolvido.

Para tornar-se o tipo de pessoa que atrai outros, você precisa personificar esses pontos:

1. *Amor à vida*

As pessoas gostam de líderes que têm prazer na vida. Pense nas pessoas com as quais você gosta de passar seu tempo. Como as descreveria? Rabugentas? Amargas? Deprimidas? Certamente não. São festeiras e não ficam se queixando. São apaixonadas pela vida. Se você deseja atrair as pessoas, precisa ser igual àquelas com quem gosta de estar. O evangelizador John Wesley, do século 18, reconheceu isso ao dizer: "Quando você se joga no fogo, as pessoas adoram ir e assistir você queimar."

2. *Dê um "10" a todas as pessoas*

Uma das melhores coisas que você pode fazer pelas pessoas — e que também as atrai a você — é esperar o melhor delas. Chamo a isso de dar um "10" a todos. Tal atitude ajuda as pessoas a pensarem mais positivamente sobre elas mesmas, além de também ajudar você. Segundo Jacques Wiesel, "uma pesquisa entre 100 milionários que enriqueceram pelos próprios esforços mostrou um único denominador comum: esses homens e mulheres muito bem-sucedidos viam apenas o lado bom nas pessoas".

Benjamin Disraeli entendeu e praticou esse conceito, que se constituiu em um dos segredos de seu carisma. Cada vez ele disse: "O maior bem que se pode fazer a outra pessoa não é simplesmente compartilhar sua riqueza, mas revelar-lhe o que ela é." Se você valoriza os outros, encoraja-os e ajuda-os a alcançar o potencial que eles têm, eles o amarão por isso.

3. *Dê esperança às pessoas*

O general francês Napoleão Bonaparte caracterizava os líderes como "mercadores de esperança". Como todo grande líder, ele sabia que a esperança é o maior de todos os bens. Se você puder ser a pessoa que concede essa dádiva aos outros, eles serão atraídos a você e ficarão eternamente gratos.

4. *Compartilhe a si mesmo*

As pessoas gostam de líderes que compartilham suas experiências de vida e a si mesmos. Enquanto estiver liderando, doe-se às pessoas. Compartilhe sabedoria, recursos e até mesmo ocasiões especiais. Esta é uma das coisas de que mais gosto. Por exemplo, estive recentemente em um Encontro Anual de Contadores de Histórias em Jonesborough, no Tennessee. Desejava fazer isso há anos. Quando finalmente consegui abrir um espaço na agenda, minha esposa Margaret e eu levamos dois líderes de minha equipe e suas respectivas esposas. Foi maravilhoso e mais importante ainda poder valorizá-los ao compartilhar um momento especial.

Ao se tratar de carisma, o fundamental é preocupar-se com as outras pessoas. Líderes que pensam nos outros antes de pensar em si próprios demonstram ter carisma.

Reflexão

Como você se avalia em relação ao carisma? As pessoas são atraídas naturalmente a você? Você é querido? Em caso negativo, talvez tenha um desses bloqueadores de carisma:

Orgulho. Ninguém deseja seguir um líder que pensa ser melhor do que os outros.

Insegurança. Se você não se sente bem com quem você é, outros também não se sentirão.

Instabilidade. Se as pessoas nunca sabem o que esperar de você, desistem de esperar alguma coisa.

Perfeccionismo. As pessoas respeitam o desejo pela excelência, mas temem expectativas totalmente irreais.

Ceticismo. As pessoas não querem se molhar na chuva causada por aqueles que veem uma nuvem preta em todo lugar.

Se você conseguir se manter afastado dessas características, poderá desenvolver o carisma.

Reforço

Para desenvolver carisma, faça o seguinte:
- *Mude seu foco.* Observe sua interação com as pessoas durante os próximos dias. Quando conversar com outros, determine quanto de sua conversa se concentra em você mesmo. Ajuste a balança de modo a se concentrar mais nos outros.
- *Faça o jogo da primeira impressão.* Faça uma experiência. Na próxima vez em que você for apresentado a alguém que não conhece, esforce-se para causar uma boa impressão. Memorize o nome da pessoa. Concentre-se nos interesses dela. Seja positivo. E o mais importante, trate-a como um "10". Se puder fazer isso por um dia, será capaz de fazê-lo diariamente. Isso aumentará de súbito seu carisma.
- *Compartilhe a si mesmo.* Estabeleça como meta de longo prazo compartilhar seus recursos com os outros. Pense em como você poderá valorizar a vida de cinco pessoas durante este ano. Podem ser parentes, colegas de trabalho, funcionários ou amigos. Forneça recursos que as ajudem a crescer pessoal e profissionalmente, e compartilhe com elas sua experiência pessoal.

Ação diária

Perguntaram a Perle Mesta, a maior anfitriã de Washington desde Dolley Madison, o segredo de seu sucesso em atrair tantos ricos e famosos a suas festas. "Está na saudação e despedida", ela respondeu.

Quando chegava um convidado, ela o cumprimentava dizendo: "Finalmente você chegou!" Quando cada um dos convidados partia, ela dizia: "Que pena que tenha de ir tão cedo!" Perle Mesta concentrava-se nos outros e não em si mesma. Isso é carisma.

3. Comprometimento

Distingue os empreendedores dos sonhadores

As pessoas não seguem líderes descompromissados. O comprometimento pode ser demonstrado de várias formas, inclusive pelo número de horas que você quer investir no trabalho, pelo seu esforço em melhorar suas habilidades, ou o que você faz em favor de seus colegas de trabalho à custa de sacrifício pessoal.
 Stephen Gregg, presidente e CEO da Ethix Corp.

Aquele que deu o melhor de si para sua própria época viveu para todas as épocas.
 Johann von Schiller, dramaturgo

Velho antes do tempo

Alguns anos atrás, minha esposa Margaret e eu tivemos a oportunidade de passar férias na Itália. Nossas duas maiores prioridades eram cozinha e arte. Para encontrar a melhor cozinha, conversamos com amigos que estiveram lá. Para ver as melhores obras de arte, pedimos a ajuda de um guia fantástico, responsável por aquisições do Metropolitan Museum of Art, de Nova York. Durante aquele passeio, vimos muitas obras de arte grandiosas. Nenhuma, porém, me causou tanto impacto como o Davi, de Michelângelo. Foi nesse momento que compreendi por que ela é chamada de obra-prima.

Michelângelo teve uma vida incrível. Possivelmente o maior artista da civilização ocidental — e certamente o mais influente —, Michelângelo nasceu para esculpir. Certa vez, ele disse que, enquanto mamava, ainda bebê, já crescia dentro dele um amor pelos instrumentos para esculpir. Esculpiu sua primeira obra-prima amadurecida aos 21 anos. Terminou Pietà e Davi antes dos 30 anos.

Por volta dos 30 anos, Michelângelo foi chamado a Roma pelo Papa Júlio II para esculpir um magnífico túmulo papal, mas em vez disso foi contratado para um projeto de pintura. A princípio Michelângelo queria recusar, não desejava pintar uma dúzia de figuras no teto de uma pequena capela no Vaticano. Embora tenha aprendido a pintar quando criança, sua paixão era a escultura. Entretanto, pressionado pelo Papa, Michelângelo aceitou relutantemente sua tarefa.

Os historiadores acreditam que os rivais de Michelângelo o convenceram a aceitar o trabalho na esperança de que ele ou recusasse e perdesse os favores do Papa, ou aceitasse e desacreditasse a si mesmo. Michelângelo, porém, ao aceitar a tarefa, comprometeu-se com ela, expandindo o projeto de uma simples representação dos 12 apóstolos para a inclusão de mais de 400 figuras e 9 cenas do livro do Gênesis.

Durante quatro exaustivos anos, o artista pintou o teto da Capela Sistina, apoiado sobre suas costas. Pagou um preço alto. O trabalho causou-lhe um problema permanente de visão e exauriu suas energias. Michelângelo disse: "Depois de quatro anos torturantes, e mais de 400 figuras em tamanho maior que o natural, sentia-me tão velho e cansado como

Jeremias. Tinha apenas 37 anos, mas meus amigos não reconheciam o homem velho em que me transformara." O impacto do comprometimento de Michelângelo teve grande repercussão. Agradou seu benfeitor, o Papa, e rendeu-lhe outras encomendas do Vaticano. O mais importante, porém, é que ele causou um enorme impacto na comunidade artística. Os afrescos da Capela Sistina foram pintados com tamanha ousadia, executados com tanta originalidade e refinamento, que fizeram muitos outros artistas, inclusive o talentoso Rafael, alterar o próprio estilo. Historiadores de arte sustentam que a obra-prima de Michelângelo mudou para sempre o rumo da pintura na Europa e lançou as bases para o seu igualmente importante impacto sobre a escultura e a arquitetura.

Sem dúvida o talento de Michelângelo criou o potencial para a grandeza, entretanto sem comprometimento sua influência teria sido mínima. Seu nível de comprometimento pôde ser visto na atenção que ele dispensou tanto aos refinados detalhes como à obra em seu aspecto pleno. Quando perguntaram ao artista por que estava trabalhando com tamanho zelo em um canto escuro do teto da Capela Sistina, que ninguém jamais veria, ele respondeu simplesmente: "Deus verá."

Fundamentação

O mundo jamais viu um grande líder desprovido de comprometimento. Ed McElroy, da Força Aérea Americana, declarou: "O comprometimento nos dá uma nova força. Não importa o que nos sobrevenha — doença, pobreza ou desastre —, nunca desviamos os olhos de nosso objetivo."

O que é comprometimento? Para cada pessoa, significa algo diferente:

Para o boxeador, é poder se levantar uma vez mais depois de ir ao chão.

Para o maratonista, é correr mais 16 km depois que as forças já se foram.

Para o soldado, é chegar ao topo do morro, mesmo sem saber o que há do outro lado.

Para o missionário, é abandonar o próprio conforto para tornar a vida de outros melhor.

Para o líder, é tudo isso e mais, porque todos aqueles que você lidera dependem de você.

Se você deseja ser um líder eficiente, deve ter comprometimento. O verdadeiro compromisso inspira e atrai as pessoas. Mostra a elas que você tem convicção. As pessoas acreditarão em você apenas se você mesmo acreditar em sua causa. Como afirma a Lei da Aquisição, as pessoas primeiro aceitam o líder, depois os seus planos. Qual é a verdadeira natureza do comprometimento? Veja as três observações abaixo:

1. O comprometimento começa no coração

Algumas pessoas desejam que tudo esteja perfeito antes de estarem dispostas a se comprometer com qualquer coisa. O comprometimento, porém, sempre precede a conquista. Disseram-me que no derby de Kentucky o cavalo vencedor efetivamente fica sem oxigênio depois de completar a primeira parte da corrida e termina o percurso com o coração. É por isso que todos os grandes atletas reconhecem a importância dele. Michael Jordan, uma lenda da NBA, explica que "é o coração que separa o bom do maior". Se você quer fazer diferença na vida de *outras* pessoas como líder, olhe para *seu* coração e veja se realmente está comprometido.

2. O comprometimento é provado pela ação

Falar sobre comprometimento é uma coisa. Fazer algo acerca disso é outra. A única medida *real* do comprometimento é a ação. Arthur Gordon admite: "Não há nada mais fácil do que proferir palavras. Não há nada mais difícil do que vivê-las, dia após dia."

Alguém me falou sobre um juiz recém-eleito que conquistara o cargo em uma eleição especial. Em seu discurso de posse, o juiz disse: "Gostaria de agradecer às 424 pessoas que prometeram votar em mim. Gostaria de agradecer às 316 pessoas que disseram que votariam em mim. Gostaria de agradecer às 47 pessoas que vieram votar na última quinta-feira e gostaria de agradecer também às 26 pessoas que realmente votaram em mim." Como você se sai quando se trata de realizar o que você se comprometeu a fazer?

3. O comprometimento abre a porta da conquista

Como líder, você enfrentará muitos obstáculos e oposição — se é que já não enfrenta. Haverá momentos em que o comprometimento será a única coisa que o levará adiante. David McNally disse: "O comprometimento é o inimigo da resistência, pois é a promessa séria de se levantar e seguir adiante, não importa quantas vezes você tenha sido derrubado." Se você deseja qualquer coisa que valha a pena, precisa estar comprometido.

Reflexão

No tocante ao comprometimento, na verdade existem apenas quatro tipos de pessoas:

1. *Evasivas*. Pessoas que não têm nenhum objetivo e não se comprometem com nada.
2. *Reticentes*. Pessoas que não sabem se podem alcançar seus objetivos e, por isso, têm medo de se comprometer.
3. *Desistentes*. Pessoas que partem em direção ao objetivo, mas desistem quando a caminhada se torna difícil.
4. *Totalizadoras*. Pessoas que definem os objetivos, se comprometem com eles e pagam o preço para alcançá-los.

Que tipo de pessoa você é? Tem atingido suas metas? Alcançou tudo que acredita ser capaz de atingir? As pessoas acreditam em você e o seguem prontamente? Se sua resposta a qualquer uma dessas perguntas for negativa, o problema pode estar em seu nível de comprometimento.

Reforço

Para melhorar seu comprometimento, observe os seguintes pontos:

- *Meça-o.* Às vezes, *pensamos* que estamos comprometidos com alguma coisa, embora nossas ações indiquem o contrário. Pegue sua agenda e seu talão de cheques. Dedique algum tempo para calcular como você usa seu tempo e gasta seu dinheiro. Avalie quanto tempo você passa no trabalho, na igreja, com a família, em atividades físicas, lazer etc. Avalie quanto dinheiro você dedi-

ca a despesas diárias, entretenimento, desenvolvimento pessoal e doações. Todas essas coisas são bons indicadores de seu comprometimento. Você pode se surpreender com o que descobrirá.
- *Saiba pelo que vale a pena morrer.* Uma das perguntas que todo líder deve fazer a si mesmo é: "pelo que estou disposto a morrer?" Se chegar a esse ponto, o que em sua vida você não seria capaz de parar de fazer, independentemente das consequências? Dedique algum tempo para refletir sobre isso. Escreva o que descobrir. Depois, veja se suas ações são coerentes com seus ideais.
- *Utilize o método Edison.* Se você acha difícil dar o primeiro passo em direção a um compromisso, tente fazer como Thomas Edison. Quando ele tinha uma boa ideia para uma invenção, convocava a imprensa e a anunciava. Depois, ia para o laboratório e aí inventava. Torne seus planos públicos e poderá estar mais comprometido em cumprir aquilo que anunciou.

Ação diária

Quando tinha 15 anos, o ex-jogador de basquete Bill Bradley participou de um acampamento de basquete, no verão, liderado por "Easy" Ed Macauley. Durante o acampamento, Macauley fez uma declaração que mudou a vida de Bradley: "Lembre-se apenas de que, se você não treinar usando o máximo de sua capacidade, haverá alguém com a mesma habilidade que a sua e o dia em que vocês se enfrentarem ele levará vantagem." Como você se avalia com base nesse padrão?

4. COMUNICAÇÃO

Sem ela, você viaja sozinho

O desenvolvimento de excelentes habilidades de comunicação é absolutamente essencial para a liderança eficaz. O líder deve ser capaz de compartilhar conhecimento e ideias para transmitir uma sensação de urgência e entusiasmo aos outros. Se um líder não é capaz de transmitir uma mensagem com clareza e motivar os outros a agir de acordo com ela, então nem mesmo importa ter uma mensagem.
GILBERT AMELIO, *presidente e CEO da National Semiconductor Corp.*

Os educadores pegam algo simples e complicam. Os comunicadores pegam algo complicado e simplificam.
JOHN C. MAXWELL

Um grande comunicador em todas as circunstâncias

Muitos presidentes americanos causaram impacto no país como grandes comunicadores. John F. Kennedy, Franklin D. Roosevelt e Abraham Lincoln surgem em nossa memória como excelentes exemplos. Entretanto, apenas um presidente em toda a história dos Estados Unidos foi chamado de Grande Comunicador: Ronald Reagan.

Alguns indícios do talento de Reagan para comunicação já se revelavam bem no início de sua carreira. Ele começou no rádio. Aos 20 e poucos anos, Reagan rapidamente se tornou um dos locutores mais conhecidos do Meio-Oeste. Geralmente transmitia jogos ao vivo, mas uma vez ou outra simulava a transmissão ao vivo de um jogo do Chicago Cubs ouvindo as transmissões da Western Union de cada jogada. Durante um desses jogos, a transmissão foi interrompida enquanto Augie Galan iria rebater em um momento crítico. Sem ouvir nada, Reagan continuou a descrever, durante *seis minutos*, o lançamento que ele imaginou que Galan estivesse fazendo até que pudesse ouvir a transmissão novamente.

Durante sua carreira, Reagan demonstrou uma habilidade incomum de relacionar-se e comunicar-se com as pessoas. Em nenhum outro momento isso ficou tão evidente como durante seu tempo na Casa Branca. Em 1980, quando anunciou sua candidatura à presidência, ele apresentou a visão de sua campanha de forma clara e simples: "O âmago de nossa mensagem deve ser cinco palavras simples e conhecidas. Nada de grandes teorias econômicas. Nenhum sermão sobre filosofia política. Apenas cinco palavras breves: *família, trabalho, comunidade, liberdade, paz.*"

Durante sua campanha, Reagan teve sucesso em um debate com outro candidato, o presidente Jimmy Carter. O ex-governador da Califórnia apresentou-se como um americano de classe média tranquilo, simpático e competente. Venceu facilmente o debate. Mais tarde, quando lhe perguntaram se ficara nervoso diante do então presidente, Reagan respondeu: "Não, de forma alguma. Já contracenei com John Wayne."

Falando a um grupo, olhando para uma câmera ou conversando com apenas uma pessoa, Reagan comunicava-se com extrema eficiência. Mesmo quando levou um tiro e estava sendo levado de maca à sala de cirurgia, tentou deixar as pessoas à vontade. Disse para os cirurgiões: "Por favor, me digam que todos vocês são republicanos."

Reagan era um bom executivo porque possuía uma visão clara, tomava decisões com facilidade e delegava com eficiência. Mas foi um grande líder por causa de sua excepcional habilidade em se comunicar. Ao liderar o país, as pessoas sabiam quem ele era, o que defendia e o que desejava — mal podiam esperar para embarcar com ele. A comunicação fez dele o tipo de líder que as pessoas desejam seguir.

Fundamentação

Mesmo que você não tenha planos de dirigir uma nação, como Ronald Reagan, ainda precisa ter habilidade para se comunicar. O sucesso no casamento, no trabalho e nos relacionamentos pessoais depende muito disso. As pessoas não o seguirão se não souberem o que você deseja ou para onde vai.

Você pode ser um comunicador mais eficiente se seguir quatro verdades básicas:

1. Simplifique sua mensagem

A comunicação não é só *o que* você diz. É também *a forma* como você diz. Contrariamente ao que alguns educadores ensinam, a chave da comunicação eficiente é a simplicidade. Nada de impressionar as pessoas com palavras difíceis e frases complexas. Se você deseja alcançá-las, torne sua mensagem simples. Napoleão Bonaparte costumava dizer a seus secretários: "Seja claro, claro, claro."

Uma história sobre um jovem executivo ilustra o que é comunicação eficiente. O jovem foi convidado a falar para um grande grupo de pessoas pela primeira vez. Procurou, então, seu mentor para pedir-lhe conselho sobre como elaborar um bom discurso. O homem mais experiente disse: "Escreva uma introdução entusiástica, que prenda a atenção de todos os ouvintes. Depois, escreva uma conclusão e um desfecho extraordinários, de modo que despertem em todos o desejo de agir. E aí junte o máximo que puder as duas partes uma da outra."

2. Observe as pessoas

Os comunicadores eficientes concentram-se nas pessoas com as quais se estão comunicando. Sabem que é impossível comunicar-se efetivamente com uma audiência sem saber algo sobre ela.

Quando você se comunicar com as pessoas — seja individualmente ou em grupo —, faça as seguintes perguntas a si mesmo: Qual é meu público? Quais são suas dúvidas? O que precisa ser realizado? Quanto tempo eu tenho? Se você deseja se tornar um comunicador mais eficiente, volte-se para seu público. As pessoas acreditam em grandes comunicadores porque eles acreditam nas pessoas.

3. Apresente a verdade

A credibilidade precede os grandes comunicadores. Existem duas formas de adquirir credibilidade diante do público. Primeiro, acredite no que você diz. Pessoas simples tornam-se comunicadores extraordinários quando estimuladas pela convicção. O marechal de campo Ferdinand Foch observou: "A arma mais poderosa da terra é a alma humana ardente." Segundo, pratique o que você diz. Não existe maior credibilidade do que a convicção em ação.

4. Busque uma resposta

Ao se comunicar, nunca se esqueça de que o objetivo da comunicação é a ação. Se você descarrega muitas informações sobre as pessoas, não está se comunicando. Toda vez que falar às pessoas, dê-lhes algo para sentir, para lembrar e para fazer. Se for bem-sucedido nisso, sua habilidade em liderar outras pessoas atingirá um novo nível.

Reflexão

Danto Manquez Jr., presidente da MVM, Inc., falou sobre a questão da habilidade de um líder em comunicar-se: "Um líder precisa que certas tarefas sejam realizadas por outras pessoas, portanto deve ter a habilidade de inspirar e motivar, guiar e orientar, e também ouvir. Somente por meio da comunicação é que o líder pode motivar outros a assimilarem sua visão e colocá-la em prática."

Como você avalia sua capacidade de comunicação? Comunicar-se é prioridade para você? Você é capaz de inspirar e motivar outras pessoas? Você expressa sua visão de modo que seus liderados consigam compreendê-la, assimilá-la e colocá-la em prática? Quando você conversa com uma pessoa, individualmente, é capaz de estabelecer um vínculo com ela? E quanto aos grupos? Se em seu íntimo você sabe que sua visão é grandiosa, mas mesmo assim as pessoas não se interessam por ela, talvez seu problema seja falta de habilidade para estabelecer uma comunicação eficiente.

Reforço

Para melhorar sua comunicação, veja os seguintes pontos:

- *Use de muita clareza.* Examine as cartas, memorandos ou qualquer outro documento que você tenha redigido recentemente. Suas sentenças são curtas e diretas ou prolixas? Seus leitores conseguem compreender o sentido das palavras que você escolheu ou terão de procurar um dicionário? Você usou o menor número possível de palavras? Os melhores amigos de um comunicador são a simplicidade e a clareza. Ao redigir um discurso, lembre-se delas.
- *Redirecione sua atenção.* Durante a próxima semana, atente para o enfoque de sua comunicação: você se concentra em si mesmo, no material ou no público? Se não for no público, você precisa mudar o foco. Pense sobre as necessidades, dúvidas e os desejos de seu público. Vá ao encontro das pessoas, assim será um comunicador melhor.
- *Vivencie sua mensagem.* Há algumas discrepâncias entre o que você comunica e o que faz? Converse com algumas pessoas confiáveis e pergunte a elas se você está vivenciando sua mensagem. Seu cônjuge, um mentor ou um amigo íntimo podem ver coisas que você não consegue enxergar. Ouça os comentários sem uma atitude defensiva. Proponha-se a fazer mudanças em sua vida para tornar-se mais coerente.

Ação diária

Em 7 de abril de 1865, o presidente Abraham Lincoln tomou uma decisão dificílima e precisava comunicá-la ao seu general de campo. Sobre essa decisão estavam todas as suas esperanças e todo o peso de sua liderança como presidente. Usando toda a sua habilidade de comunicador, ele escreveu a seguinte mensagem:

> General Grant,
> O Gen. Sheridan diz: "Se as coisas ficarem mais difíceis, creio que Lee se renderá." Torne as coisas mais difíceis.
> A. Lincoln

O presidente não permitiu que a importância de uma comunicação complicasse a simplicidade dela. Nós também não devemos permitir.

5. COMPETÊNCIA

Se você a construir, eles virão

A competência vai além das palavras. Consiste na habilidade do líder de expressá-la, evidenciá-la e aplicá-la de modo tal que os demais reconheçam que o líder está ciente de sua própria competência e que eles desejam segui-lo.
    JOHN C. MAXWELL

A sociedade que despreza o mérito do trabalho de encanador por ser uma atividade humilde e tolera a má qualidade na filosofia por se tratar de uma atividade enaltecida não terá bons encanamentos e tampouco boa filosofia. Nem seus canos nem suas teorias serão capazes de conter a água.
    JOHN GARDNER, *escritor*

Fanfarra para um homem comum

Benjamin Franklin considerava-se um cidadão comum. Tinha 16 irmãos e era filho de um comerciante, um fabricante de velas longe de ser rico. Teve uma infância normal. Frequentou a escola por apenas dois anos e aos doze foi aprendiz de um de seus irmãos no ramo gráfico.

Franklin trabalhava duro e levava uma vida simples, dirigindo seu comportamento segundo um conjunto de 13 virtudes, pelas quais se analisava diariamente. Aos 20 anos, iniciou sua própria gráfica. Se Benjamin Franklin tivesse se contentado em fazer seu trabalho, seu nome não seria mais do que uma pequena nota nos livros da história da Filadélfia. Entretanto, ele teve uma vida extraordinária. Foi um dos pais da independência norte-americana e um grande líder da nação recém-criada. Foi coautor da Declaração da Independência dos Estados Unidos e mais tarde ajudou a escrever o Tratado de Paris e a Constituição dos Estados Unidos (Franklin foi o único homem a assinar os três). Foi também escolhido para cumprir uma missão diplomática secreta, difícil e perigosa em Paris, durante a guerra, assegurando apoios militar e financeiro para a revolução.

O que deu a um comerciante do norte dos Estados Unidos a oportunidade de exercer tanta influência entre ricos proprietários de terra — em sua maioria sulistas — que lideraram a guerra da Independência? Creio que foi a incrível competência de Benjamin Franklin. Ele se distinguiu em tudo o que fez por sete décadas. Quando abriu seu próprio negócio, em 1726, as pessoas achavam que na Filadélfia não haveria espaço para outra gráfica, mas Franklin logo se tornou conhecido por ser o gráfico mais habilidoso e ativo da cidade. Entretanto, aquele comerciante da Filadélfia não se contentava apenas com essa realização.

Benjamin Franklin era curioso e buscava continuamente meios de aperfeiçoamento de si mesmo e dos outros. Expandiu suas atividades para a literatura. Entre suas obras encontra-se o notável *Poor Richard's Almanack*. Realizou amplas experiências com eletricidade e criou muitos dos termos ainda associados a seu uso. Inventou inúmeros itens, como o cateter e as lentes bifocais. Como viajava com frequência pelo Oceano Atlântico, assumiu a responsabilidade de mapear a Corrente do Golfo. Sua atitude para com a vida revela-se em um aforismo que ele escreveu para seu almanaque: "Não esconda seus talentos. Foi para usá-los que eles foram feitos. De que serve um relógio de sol na sombra?"

As provas dos talentos de Benjamin Franklin eram abundantes. Ele ajudou a fundar a primeira biblioteca da Filadélfia. Inaugurou o primeiro corpo de bombeiros do país. Desenvolveu o conceito de aproveitamento da luz do dia. Ocupou muitos cargos a serviço do governo. Normalmente, Franklin era conhecido por suas habilidades. Às vezes, porém, tinha de deixar sua competência falar por si mesma. Em uma época em que trabalhava com implementos agrícolas, ele descobriu que o gesso fazia os grãos e a grama crescerem melhor, mas teve dificuldades em convencer seus vizinhos sobre a descoberta. Sua solução? Quando chegou a primavera, foi a um campo perto de uma estrada, cavou com suas próprias mãos alguns buracos em forma de letras, colocou gesso nos sulcos e depois espalhou sementes por todo o campo. Nas semanas seguintes, quando as pessoas passavam pela estrada, podiam ver letras verdes crescendo de forma mais exuberante do que o restante do campo. As letras formavam a simples frase: "Aqui se usou gesso." Todos entenderam a mensagem.

Fundamentação

Todos nós admiramos pessoas que demonstram competência, sejam exímios artesãos, atletas de projeção mundial, sejam empresários bem-sucedidos. Mas na verdade você não precisa ser Fabergé, Michael Jordan ou Bill Gates para se destacar na área da competência. Se você deseja cultivar essa qualidade, eis o que precisa fazer:

1. *Esteja sempre pronto para agir*

Há um ditado que diz: "Quem espera sempre alcança." Infelizmente, às vezes se trata apenas das sobras daqueles que chegaram primeiro. Pessoas responsáveis aparecem quando são esperadas. Entretanto, pessoas altamente competentes dão um passo adiante. Não surgem apenas fisicamente. Estão prontas para entrar no jogo todo dia — independentemente de como se sentem, de que tipo de circunstância enfrentam, ou de quão difícil se espera que seja o jogo.

2. Continue melhorando

Como Benjamin Franklin, toda pessoa altamente competente sempre busca aprender, crescer e melhorar. Fazem isso perguntando *por quê*. Afinal, aquele que sabe, como sempre, terá um trabalho, ao passo que aquele que sabe *por que* sempre será o chefe.

3. Conclua com excelência

Nunca conheci uma pessoa considerada competente que não concluísse as coisas com excelência. Aposto que acontece o mesmo com você. Willa A. Foster observou: "A qualidade nunca é casual; é sempre o resultado de sério propósito, esforço sincero, orientação inteligente e execução hábil; representa a escolha mais sábia dentre muitas alternativas."

Trabalhar dentro de um elevado padrão de excelência é sempre uma opção, um ato intencional. Como líderes, esperamos que os membros de nossa equipe concluam quando lhes passamos a bola. Eles esperam isso e muito mais de nós como líderes.

4. Realize mais do que o esperado

Pessoas altamente competentes sempre vão além. Para elas, bom o bastante nunca é suficiente. No livro *Men in the Mid-Life Crisis*, Jim Conway escreve que algumas pessoas sentem "um enfraquecimento da necessidade de ser um grande homem e um sentimento crescente de 'simplesmente vamos fazer o melhor que pudermos'. Não se preocupe em marcar pontos. Vamos apenas terminar o jogo sem sermos massacrados." Líderes não se podem permitir esse tipo de atitude. Precisam estar dispostos a fazer o trabalho, e até mais, continuamente.

5. Inspire as outras pessoas

Líderes altamente competentes fazem mais do que atuar em alto nível. Eles inspiram e motivam sua equipe a fazer o mesmo. Algumas pessoas confiam apenas nas habilidades relacionais para sobreviver, ao passo que os líderes eficientes combinam essas habilidades com alta competência para elevar, em sua organização, os níveis de excelência e influência.

Reflexão

Qual é sua posição quando se trata de concluir um trabalho? Você se dedica inteiramente às coisas com entusiasmo e as executa no nível mais elevado possível? Ou às vezes bom o bastante é suficiente para você?

Ao pensar em pessoas competentes, na verdade você está considerando apenas três tipos de indivíduos:

1. Aqueles que conseguem perceber o que precisa acontecer.
2. Aqueles que podem fazer acontecer.
3. Aqueles que podem fazer as coisas acontecerem quando realmente são importantes.

Quanto à sua profissão, em que ponto você tem um desempenho coerente? Você é um pensador, um empreendedor ou um jogador contido? Quanto melhor você for, maior será seu poder de influência sobre sua equipe.

Reforço

Para melhorar sua competência, veja os pontos a seguir:

- *Concentre-se no jogo.* Se você esteve desligado mental ou emocionalmente de seu trabalho, é hora de reengajar-se. Primeiro, dedique-se novamente a seu trabalho. Determine quanto de sua atenção você deve dedicar a ele. Segundo, descubra por que se desligou. Você precisa de novos desafios? Está em conflito com seu chefe ou com seus colegas? Você não consegue dar continuidade ao trabalho? Identifique a fonte do problema e crie um plano para solucioná-lo.
- *Redefina o padrão.* Se seu desempenho não está em um nível coerentemente elevado, reexamine seus padrões. Está se esforçando muito pouco? Você executa suas tarefas com pressa e sem cuidado? Se for assim, aperte o *reset* mental e defina expectativas que exijam mais de você mesmo.

- Descubra três formas de melhorar. Ninguém se mantém em um processo de melhoria constante sem ter intenção de fazê-lo. Faça uma pequena pesquisa e descubra três coisas que você pode fazer para melhorar suas habilidades profissionais. Depois, dedique tempo e dinheiro para colocá-las em prática.

Ação diária

Há pouco tempo, li um editorial na *Texas Business* que dizia: "Somos de fato a geração perdida, buscando a rota mais rápida para lugar algum, olhando sempre para os indicadores financeiros. Este é o único padrão que reconhecemos. Não temos crenças firmes, nem limites éticos."

Você é tão bom quanto seus padrões pessoais. Quando foi a última vez que você deu o seu melhor na realização de uma tarefa, mesmo ciente de que ninguém além de você ficaria sabendo disso?

6. CORAGEM

Uma pessoa com coragem é a maioria

A coragem é corretamente considerada a primeira qualidade humana... porque é a qualidade que garante todas as outras.
WINSTON CHURCHILL, *primeiro-ministro britânico*

Coragem é o medo entregue em orações.
KARL BARTH, *teólogo suíço*

Ás dos ases

O que esses três homens têm em comum: o automobilista que estabeleceu o recorde mundial de velocidade em Daytona em 1914; o piloto que estabeleceu o recorde de maior número de vitórias em combates aéreos contra os alemães na Primeira Guerra Mundial; e o secretário do assessor especial para assuntos bélicos que sobreviveu a um acidente aéreo e passou 22 dias em um bote salva-vidas no Oceano Pacífico durante a Segunda Guerra Mundial? Todos passaram por circunstâncias perigosas. Todos demonstraram coragem e nervos de aço, sob pressão. E por acaso todos são a mesma pessoa: Eddie Rickenbacker.

Enfrentar um desafio nunca foi um problema para Eddie Rickenbacker, fosse físico, mental ou econômico. Quando tinha 12 anos, seu pai morreu e ele teve de abandonar os estudos para ser o principal arrimo da família. Vendeu jornais, ovos e leite de cabra. Trabalhou em uma fábrica de vidro, uma cervejaria, uma fábrica de sapatos e uma fundição. Na adolescência, foi trabalhar como mecânico de carros de corrida. Aos 22 anos, começou a competir. Dois anos mais tarde, estabeleceu o recorde mundial de velocidade.

Quando os Estados Unidos entraram na Primeira Guerra Mundial, Rickenbacker tentou alistar-se como piloto, mas ultrapassara o limite de idade e não apresentava a escolaridade exigida. Então alistou-se como motorista e pediu a seus superiores que o enviassem para a escola de pilotagem. Apesar de não ter o mesmo nível acadêmico de seus colegas, destacou-se como piloto. Quando a guerra chegou ao fim, acumulara 300 horas de combate (mais do que qualquer piloto americano), sobrevivera a 134 confrontos aéreos com os inimigos, somara 26 mortes e ganhara a Medalha de Honra ao Mérito, oito Cruzes por Distinção em Serviço e a Medalha de Honra da Legião Estrangeira. Foi também promovido a capitão e colocado no comando de seu esquadrão.

As proezas aéreas de Rickenbacker lhe renderam um apelido criado pela imprensa: "Ás dos Ases americano." Ao lhe perguntarem sobre sua coragem em combate, ele admitiu que sentia medo. "Coragem", disse, "é fazer o que se tem medo de fazer. Não pode haver coragem senão quando se tem medo".

Essa coragem foi de grande valia ao Ás dos Ases, mesmo depois da Primeira Guerra. Em 1933, tornou-se vice-presidente da Eastern Air Transport (mais tarde Eastern Airlines). Naquela época, as empresas aéreas só existiam porque eram subsidiadas pelo governo. Rickenbacker, porém, acreditava que elas deviam ser autossuficientes. Decidiu mudar totalmente a forma como a empresa conduzia os negócios. Em dois anos, tornou a Eastern Airlines lucrativa, a primeira na história da aviação. Quando o presidente americano cancelou todos os contratos de transporte aéreo dos correios, Rickenbacker assumiu-o — e venceu. Ele dirigiu a Eastern com sucesso por 30 anos e aposentou-se aos 73 anos. Quando morreu, 10 anos mais tarde, seu filho William escreveu: "Se ele tivesse um lema, seria a frase que ouvi milhares de vezes: 'Vou lutar como uma fera!'"

Fundamentação

Ao se observar a vida de alguém como Eddie Rickenbacker, não se pode deixar de ver uma grande coragem. É fácil vê-la nos grandes heróis de guerra, mas a coragem também está presente em todo grande líder nas empresas, no governo e nas igrejas. Sempre que você observa um progresso significativo em uma organização, sabe que o líder tomou decisões corajosas. A posição de liderança não dá coragem a alguém, mas a coragem pode dar-lhe uma posição de liderança. Foi o que aconteceu com o capitão Eddie Rickenbacker.

Larry Osborne faz a seguinte observação: "A coisa mais impressionante sobre líderes altamente eficientes é que eles têm muito pouco em comum. O que um jura ser bom, o outro diz ser ruim. Um traço, porém, destaca-se em todos eles: a disposição de arriscar."

Ao se deparar com decisões difíceis e desafiadoras, identifique esses pontos sobre a coragem:

1. A coragem começa com uma batalha interior

Toda prova que você enfrenta como líder começa em seu interior. A prova da coragem não é diferente. De acordo com o psicoterapeuta Sheldon Kopp: "Todas as batalhas significativas são travadas dentro do ser." A coragem não é a ausência de medo. É fazer o que se tem medo de fazer. É ter o poder de sair do terreno conhecido e progredir em um novo território. Foi o que aconteceu a Rickenbacker e também pode acontecer com você.

2. Coragem é fazer as coisas direito, e não apenas acertá-las da melhor maneira

Martin Luther King Jr., líder do Movimento de Direitos Civis, declarou: "A capacidade máxima de um homem não se mede nos momentos de conforto e conveniência, mas nos tempos de desafio e controvérsia." Grandes líderes possuem muita habilidade com pessoas e são capazes de fazê-las assumir compromissos e trabalhar em equipe. Entretanto, eles também se posicionam quando necessário.

3. A coragem de um líder inspira o comprometimento dos seguidores

"A coragem é contagiosa", assegura o evangelista Billy Graham. "Quando um homem corajoso assume uma posição, os demais se aprumam." Uma demonstração de coragem por parte de uma pessoa encoraja outras. Entretanto, uma demonstração de coragem de um líder é inspiradora. Faz as pessoas segui-lo. Meu amigo Jim Mellado explica: "A liderança é a expressão de coragem que leva as pessoas a fazerem a coisa certa."

4. Sua vida se expande na proporção de sua coragem

O medo restringe um líder. O historiador romano Tácito escreveu: "O desejo de segurança coloca-se contra todo empreendimento grande e nobre." A coragem, porém, tem efeito contrário. Ela abre portas, e esse é um de seus maiores benefícios. Talvez por isso o teólogo britânico John Henry Newman tenha afirmado: "Não tenha medo de que sua vida chegue ao fim, mas sim de que ela nunca tenha um início." A coragem não só lhe oferece um bom início mas também lhe oferece um futuro melhor.

Ironicamente, aqueles que não têm coragem de correr riscos e aqueles que a têm experimentam o mesmo medo na vida. A única diferença é que os que não se arriscam se preocupam com banalidades. Já que você tem de superar o medo e as dúvidas, faça isso valer a pena.

Reflexão

Eleanor Roosevelt admitia: "Você ganha força, coragem e confiança em toda experiência em que você enfrenta resolutamente o medo. É capaz de dizer a si mesmo: 'Sobrevivi a esse horror. Posso enfrentar o que está por vir'. Você precisa fazer aquilo que não se considera capaz de fazer."

Como você tende a lidar com o medo? Você o aceita? As experiências de tensão fazem parte de seu cotidiano? Ou você recuou tanto para uma situação confortável que nem sente mais medo? O que você terá de mudar para desenvolver um espírito corajoso?

Reforço

Para aumentar sua coragem, faça o seguinte:

- *Enfrente as consequências.* Faça alguma coisa que envolve um certo grau de tensão apenas para incrementar sua coragem. Salte de paraquedas. Fale em público (o grande medo da maioria das pessoas). Participe de uma peça teatral. Inscreva-se em um esporte radical. Faça alpinismo. Não importa a atividade, desde que seja algo que o leve a enfrentar um medo real.
- *Fale com aquela pessoa.* A maioria das pessoas evita confrontar-se com determinado indivíduo na vida — patrão, parente ou colega de trabalho. Se este for seu caso, converse com essa pessoa nesta semana. Não descarregue tudo nela nem a maltrate. Fale a verdade amorosamente (você não terá tanto medo de fazer isso se já tiver pulado de paraquedas, feito alpinismo etc.).
- *Dê um passo gigantesco.* Pode ser que você esteja com medo de dar um passo em sua carreira. Se intimamente você já sabe que deveria ter mudado de emprego ou iniciado aquele novo negócio, chegou o momento de enfrentar isso com coragem. Dedique algum tempo para refletir nisso, de fato. Converse com seu cônjuge, seu mentor, um ou dois amigos confiáveis. Se for realmente a coisa certa a fazer, então faça.

Ação diária

Peter Cartwright, um pregador itinerante do século 19, preparava-se para fazer um sermão dominical quando o avisaram que o presidente Andrew Jackson estaria presente. Em vista disso, pediram-lhe que não fizesse declarações ofensivas. Durante aquela mensagem, ele incluiu a seguinte declaração: "Disseram-me que Andrew Jackson estaria presente nesta congregação. Pediram-me para que eu vigiasse minhas palavras. O que tenho a dizer é que Andrew Jackson irá para o inferno, se não se arrepender de seus pecados."

Depois do sermão, o presidente Jackson aproximou-se rapidamente de Cartwright e disse-lhe: "Se eu tivesse uma tropa de homens como o senhor, poderia conquistar o mundo."

Um ato de coragem muitas vezes pode trazer resultados positivos até então inesperados.

7. Discernimento

Ponha um fim aos mistérios insolúveis

Líderes inteligentes acreditam em apenas metade do que ouvem.
Líderes perspicazes sabem *em que* metade devem acreditar.
JOHN C. MAXWELL

Primeira regra "dos buracos": quando você estiver dentro de um, pare de cavar.
MODY IVINS, *colunista*

Sempre no âmago da questão

Marya Sklodowska sempre gostava de ir ao cerne da questão. Como uma criança criada na Polônia, adorava ir à escola e aprender. Quando seus pais perderam o emprego de professores e abriram uma pensão para sobreviver, ela dedicou horas intermináveis no auxílio às tarefas domésticas. Isso, porém, não a impediu de terminar o Ensino Médio como primeira da classe — e suas provas finais foram em russo!

Uma vez que cursar uma universidade não estava a seu alcance, Marya tornou-se governanta e tutora. De alguma forma, conseguiu economizar dinheiro para enviar sua irmã mais velha à Faculdade de Medicina de Paris. Mais tarde, ela também se mudou para a França, a fim de estudar na Sorbonne. Dois anos depois, formou-se em Física como primeira da classe. Um ano depois, obteve o título de mestre em Matemática.

A partir de então, dedicou-se inteiramente à pesquisa, dirigindo experiências para uma indústria francesa. Sua verdadeira paixão, no entanto, era pesquisar o segredo dos raios de urânio.

Enquanto procurava um laboratório melhor, Marya conheceu Pierre, que se tornaria seu marido e parceiro de pesquisa. Talvez você já tenha ouvido falar em Marya Sklodowska, mas é mais provável que tenha ouvido o nome que ela preferiu usar após seu casamento com Pierre Curie, em 1895: Madame Marie Curie.

Madame Curie prosseguiu com seu trabalho desbravador no campo da radioatividade (termo criado por ela) e abriu as portas para o estudo da física nuclear e da radiologia médica moderna. Mesmo quando Pierre morreu, em um acidente em 1906, Marie Curie continuou o trabalho e fez muitas outras descobertas.

"A vida não é fácil para nenhum de nós", ela disse certa vez. "Mas e daí? Temos de ter perseverança e acima de tudo confiar em nós mesmos. Temos de acreditar que recebemos um dom para alguma coisa e que essa coisa deve ser feita." As pesquisas desenvolvidas por Marie Curie trouxeram-lhe grande reconhecimento: 15 medalhas de ouro, 19 títulos acadêmicos e dois Prêmios Nobel (física e química).

A tenacidade de Marie Curie era evidente não só em seu desejo de adquirir conhecimento mas também nas aplicações práticas de sua pesquisa.

Durante a Primeira Guerra Mundial, ela observou o que acontecia nos campos de batalha e percebeu que a tecnologia que descobrira poderia salvar vidas. Marie Curie e sua filha Irene (que mais tarde também seria Prêmio Nobel) desenvolveram a radiografia e então lideraram um movimento para que as ambulâncias fossem equipadas com o aparelho de raios X. Curie treinou 150 técnicos para manusearem os aparelhos e ajudou também a fundar o Instituto de Radiologia da Universidade de Paris. Ela não só supervisionou a construção dos laboratórios do Instituto como também arrecadou fundos e materiais na Europa e nos Estados Unidos para equipá-lo.

Curie observou: "Não se deve temer nada na vida; deve-se apenas compreender." Sua inteligência e seu discernimento permitiram que ela compreendesse e descobrisse muitas coisas que causaram um impacto positivo no mundo. Infelizmente seu agudo discernimento não se estendeu à sua saúde. Por estar em um estágio avançado da pesquisa com materiais radioativos, ela não se protegia dos efeitos da radiação. Seu trabalho matou-a lentamente. Seu estado de saúde piorou repentinamente e, em 1934, aos 66 anos, ela morreu de leucemia.

Fundamentação

O discernimento pode ser descrito como a habilidade de encontrar a origem do problema, o que depende tanto de intuição como de raciocínio lógico. Os líderes eficientes precisam de discernimento, embora nem mesmo os bons líderes evidenciem-no todo tempo. Por exemplo, leia os comentários a seguir, aos quais gosto de denominar últimas palavras famosas:

> "Digo-lhe que Wellington é um mau general, e os ingleses são maus soldados; vamos acabar com isso pela hora do almoço."
> Napoleão Bonaparte, no café da manhã com seus generais, antes da Batalha de Waterloo (1815)

> "Creio que haverá um mercado mundial para no máximo cinco computadores."
> Thomas J. Watson, presidente da IBM (1943)

"Não preciso de guarda-costas."
Jimmy Hoffa, um mês antes de seu desaparecimento (1975)

O discernimento é uma qualidade indispensável para qualquer líder que deseje maximizar sua eficiência. Ele ajuda na execução de várias coisas importantes:

1. *Descobrir a razão dos problemas*

Líderes de grandes organizações devem lidar bem com situações altamente caóticas e complexas diariamente. Eles nunca conseguem reunir informações suficientes para obter um quadro completo de tudo. Como resultado, os líderes têm de confiar no discernimento. O pesquisador Henry Mintzberg, da McGill University, afirmou: "A eficiência da organização não reside naquele conceito tacanho chamado racionalidade. Reside na combinação de lógica perspicaz com intuição vigorosa." O discernimento permite que um líder observe um quadro parcial, complete-o intuitivamente com as peças que faltam e encontre a verdadeira essência da questão.

2. *Melhorar sua capacidade de solucionar problemas*

Se você pode enxergar a raiz de um problema, pode resolvê-lo. Quanto mais próximo um líder estiver de sua área de talento, mais fortes serão sua intuição e habilidade para descobrir o cerne do problema. Se você deseja fazer uso de seu potencial de discernimento, trabalhe em seus pontos fortes.

3. *Avaliar suas opções para obter o máximo impacto*

O consultor de empresas Robert Heller aconselha: "Nunca ignore sua intuição, contudo nunca acredite que isso seja o suficiente." O discernimento não se baseia apenas na intuição ou apenas no intelecto. O discernimento permite que você use tanto a intuição quanto a razão para fazer a melhor escolha para sua equipe e sua organização.

4. *Multiplicar suas oportunidades*

Pessoas sem discernimento raramente estão no lugar certo na hora certa. Embora grandes líderes muitas vezes pareçam ter sorte aos olhos de alguns observadores, creio que os líderes criam a própria "sorte" como resultado de discernimento, aquela disposição de usar a experiência e seguir os instintos.

Reflexão

Você é um líder com discernimento? Ao deparar-se com situações complexas, você consegue identificar prontamente o cerne da questão? É capaz de perceber a raiz dos problemas difíceis sem precisar obter todas as informações? Você confia em sua intuição e conta com ela tanto quanto conta com seu intelecto e sua experiência? Se sua resposta for negativa, você precisa cultivá-la. Valorize o pensamento não ortodoxo. Abrace a mudança, ambiguidade e incerteza. Amplie seus horizontes com experiências. Sua intuição só aumentará com o uso.

Reforço

Para melhorar seu discernimento, observe os seguintes pontos:

- *Analise os sucessos passados.* Observe alguns problemas que você solucionou com sucesso no passado. Qual era a origem de cada um deles? O que desencadeou o seu sucesso? Se você puder captar o âmago da questão com poucas palavras, provavelmente poderá aprender a fazê-lo com questões futuras.
- *Aprenda como os outros pensam.* Quais os grandes líderes que você admira? Escolha algum cuja profissão ou cujos talentos sejam semelhantes aos seus e leia suas biografias. Ao aprender como outros líderes perspicazes pensam, você poderá incrementar seu discernimento.
- *Ouça seu coração.* Tente lembrar-se de ocasiões em que sua intuição "falou" com você e estava correta (talvez você tenha ou não ouvido na época). O que essas experiências têm em comum? Procure um padrão que possa lhe dar um *insight* de sua capacidade intuitiva.

Ação diária

Por um longo tempo, os suíços detiveram o segredo da fabricação de relógios. Fabricavam os melhores relógios que o dinheiro podia comprar e, por volta de 1940, produziam 80% de todos os relógios usados no mundo. No final da década de 60, um inventor apresentou a ideia de um novo tipo de relógio aos líderes de uma fábrica suíça de relógios, e eles a rejeitaram. De fato, todas as fábricas suíças que ele visitou tiveram a mesma reação negativa.

Acreditando no valor de seu projeto, o inventor apresentou-o a uma empresa no Japão. O nome da organização era Seiko, o projeto era do relógio digital, e atualmente 80% de todos os relógios usados são digitais. Uma decisão orientada pelo discernimento pode mudar o rumo do seu futuro.

8. Foco

Quanto mais preciso, mais perspicaz você será

Se você persegue dois coelhos, ambos escaparão.
                    ANÔNIMO

O que as pessoas dizem, o que elas fazem e o que dizem fazer são coisas completamente diferentes.
            MARGARET MEAD, *antropóloga*

Um tipo diferente de mente direcionada

Em 1998, os times Atlanta Braves e San Diego Padres disputaram as finais da Liga Nacional de Beisebol, e tive o privilégio de assistir a vários jogos. Quando eu residia em San Diego, era um firme torcedor dos Padres, mas ao mudar para Atlanta, em 1997, transferi minha lealdade para os Braves. Torci por eles durante toda a temporada — até que se defrontaram com os Padres nas finais. Por que mudei? Não poderia torcer contra Tony Gwynn.

Tony Gwynn é o maior batedor dos últimos 50 anos — o melhor desde Ted Williams. Conquistou a incrível marca de oito prêmios de melhor batedor (somente Ty Cobb ganhou mais). Em sua carreira, bateu 339 vezes. É sempre um prazer ver Gwynn jogar. Certamente irá para a Galeria da Fama Norte-Americana, em Cooperstown, Nova York. Se você encontrasse Tony Gwynn na rua e não soubesse quem ele era, provavelmente não imaginaria que fosse um jogador profissional. Com 1,80m e quase 100 kg, não tem a aparência de um astro, como Mark McGwire. Entretanto, não se engane: Gwynn é um atleta talentoso e foi escolhido para integrar um time profissional ainda na universidade. Embora tenha um tremendo talento, a verdadeira chave de seu sucesso é o foco.

Tony Gwynn adora jogar beisebol e *dedica-se* a isso. Várias vezes durante as temporadas, ele lê *The Science of Ritting*, de Ted Williams, um livro que ele descobriu e leu pela primeira vez ainda na universidade. Passa longas horas assistindo a vídeos. Em casa, tem um acervo de vídeos de jogos, ampliado continuamente por seus cinco aparelhos de videocassete, que gravam os jogos transmitidos via satélite. Enquanto se desloca de um lugar para outro, ele revê as fitas. Em suas viagens profissionais, leva dois videocassetes para gravar e editar cada uma de suas jogadas. Quando não está jogando, nem assistindo aos vídeos, fala o tempo todo sobre as jogadas — com os companheiros de equipe, no AR-Star Game, e com grandes jogadores como Ted Williams.

Gwynn simplesmente não se contenta com o suficiente. Jogar beisebol é seu prazer. É conhecido por chegar em eventos sociais com uma luva de batedor caindo do bolso, pois para no caminho para treinar um pouco. Mesmo quando não está treinando, assistindo a vídeos ou conversando com outros jogadores, pode ser encontrado jogando tênis de mesa ou outras atividades que melhorem sua coordenação entre olhos e mãos. Até sua decisão de permanecer em San Diego durante toda a sua carreira melhorou seu desempenho. "Um de meus pontos fortes é saber quanto posso suportar", ele diz. "Há poucas distrações em San Diego. Não há muito burburinho da imprensa. Isso me ajuda a manter uma constância."

Constância é a palavra exata. Tony Gwynn mantém uma média de mais de 300 rebatidas por temporada como profissional, exceto em uma — a primeira. O colunista George Will afirma que pessoas excelentes naquilo que fazem, tais como Gwynn, "desenvolveram um tipo de concentração desconhecida pela maioria das pessoas".

Fundamentação

Qual deve ser o foco de um líder realmente eficiente? As chaves são prioridade e concentração. O líder que conhece suas prioridades, mas não tem concentração, sabe o que precisa fazer, mas nunca consegue fazê-lo. Se tiver concentração, mas sem prioridades, possui excelência sem progresso. Quando, porém, junta os dois elementos, reúne o potencial para alcançar grandes coisas.

Muitas vezes encontro pessoas em posição de liderança que parecem se especializar em coisas pouco importantes. Simplesmente não faz sentido. Seria o mesmo que Tony Gwynn dedicar todo o seu tempo estudando como ganhar uma base. Claro que Gwynn *pode* ganhar bases. Ele ganhou mais de 300 em sua carreira, mas isso não é o seu forte. Dedicar todo o seu tempo a isso, em vez de se dedicar à batida, seria um desperdício de tempo e talento.

Assim, a questão mais importante é: Como você deve concentrar seu tempo e sua energia? Use as seguintes orientações para ajudá-lo.

1. Concentre 70% em seus pontos fortes

Líderes eficientes que atingem seu potencial dedicam mais tempo concentrando-se no que fazem bem do que naquilo que fazem mal. O especialista em liderança Peter Drucker observa: "O grande mistério não é essas pessoas fazerem as coisas mal, mas fazerem poucas coisas bem, de vez em quando. A única coisa universal é a incompetência. Os pontos fortes são sempre específicos! Ninguém jamais comentou, por exemplo, que o grande violinista Jascha Heifetz provavelmente não sabia tocar trompete muito bem." Para ter sucesso, concentre-se em seus pontos fortes e desenvolva-os. É aí que você deve dedicar tempo, energia e recursos.

2. *Concentre 25% em coisas novas*

Crescimento equivale a mudança. Se você deseja melhorar, deve estar em constante mudança e desenvolvimento. Isso significa adentrar novas áreas. Gwynn adotou esse modelo anos atrás, depois de uma conversa com Ted Williams. O veterano afirmou que treinar em quadras fechadas tornaria Gwynn um jogador melhor. Gwynn, que preferia treinar ao ar livre, treinou desse modo e sua média de acertos aumentou significativamente. Se você dedica tempo a coisas novas relacionadas a sua área forte, crescerá como líder. Não esqueça: na liderança, se você parar de crescer, estará acabado.

3. *Concentre 5% em seus pontos fracos*

Ninguém pode deixar de trabalhar totalmente seus pontos fracos. A chave é minimizá-los o máximo possível, e os líderes podem fazê-lo delegando. Por exemplo, delego trabalho detalhista a outras pessoas. Uma equipe do INJOY Group trata de todas as questões logísticas em minhas conferências. Dessa maneira, quando estou lá, posso me ocupar daquilo que faço melhor, como a palestra propriamente dita.

Reflexão

Como você se avalia na questão do foco? Você tem se especializado em coisas pouco importantes? Tem dedicado tanto tempo escorando seus pontos fracos que não conseguiu construir seus pontos fortes? Pessoas com o mínimo potencial conseguem monopolizar seu tempo? Se for assim, você provavelmente perdeu o foco.

Para voltar ao foco, veja o seguinte:

Concentre-se em si mesmo. Você é seu maior trunfo ou dano. *Concentre-se em suas prioridades.* Você terá de lutar por elas.
Concentre-se em seus pontos fortes. Você pode atingir seu potencial. *Concentre-se nas pessoas ao seu redor.* Você não pode ser eficiente sozinho.

Reforço

Para melhorar seu foco:

- *Mude para os pontos fortes.* Faça uma lista de três ou quatro coisas que você faz bem em seu trabalho. Qual a porcentagem de tempo que você dedica a elas? Qual a porcentagem de seus recursos dedicada a essas áreas? Elabore um plano de mudança de modo que você dedique 70% de seu tempo aos pontos fortes. Se não pode fazê-lo, talvez seja o momento de reavaliar seu trabalho ou sua carreira.
- *Delegue seus pontos fracos.* Identifique três ou quatro atividades necessárias a seu trabalho que você não faz bem. Determine como você pode delegar essas tarefas a outras pessoas. Isso implicaria fazer contratações? Você pode dividir suas responsabilidades com um colega de trabalho? Desenvolva um plano.
- *Crie um limite.* Agora que você avaliou suas prioridades, pense sobre concentração. O que é necessário para você alcançar o próximo nível em sua área de pontos fortes? Que novas ferramentas serão necessárias? Pense novamente em como você faz as coisas e disponha-se a fazer sacrifícios. O tempo e o dinheiro aplicados para levá-lo ao próximo nível são o melhor investimento que você pode fazer.

Ação diária

Os treinadores de animais mais experientes levam um pequeno banco ao entrarem na jaula de um leão. Por que um pequeno banco? Porque não há nada melhor para amansar os animais — exceto talvez uma arma com tranquilizante. Quando o treinador posiciona o pequeno banco de modo que os pés fiquem em frente ao leão, o animal tenta focalizar os quatro pés ao mesmo tempo, o que o paralisa. O foco dividido sempre trabalhará contra você.

9. GENEROSIDADE

Sua vela não perde luz ao acender outra

Nenhuma pessoa jamais foi honrada por algo que recebeu. A honra foi a recompensa por algo que doou.
>CALVIN COOLIDGE, *presidente americano*

Doar é a coisa mais importante na vida.
>JOHN C. MAXWELL

A generosidade começa no coração

Ao pensar em pessoas generosas, o que vem à sua mente? Imagina milionários filantropos da virada do século como Andrew Carnegie, J. P. Morgan e Andrew Mellon? O que você pensa de filantropos atuais como Joan Kroc ou Bill Gates? Essas pessoas doaram milhões de dólares. Entretanto, quero que você conheça outro doador. Provavelmente você nunca ouviu falar dessa pessoa, embora ela personifique o mais profundo tipo de doação, aquele que só pode vir do coração.

Seu nome é Elisabeth Elliot. No início da década de 50, ela acompanhou um grupo de missionários ao Equador, na esperança de entrar em contato com os índios *quíchuas*. No grupo havia um jovem chamado Jim, que namorava Elisabeth desde 1947. Enquanto trabalhavam juntos e dedicavam sua vida à evangelização dos índios equatorianos, eles finalmente decidiram se dedicar um ao outro e se casaram.

Eles já estavam casados havia dois anos e tinham uma menina de dez meses, chamada Valerie, quando Jim e quatro outros missionários sentiram-se compelidos a fazer contato com um pequeno grupo de índios que viviam na região, chamados *auca*. Esses índios tinham fama de selvagens. O registro mais remoto de contato com esse grupo indígena fora o assassinato de um padre, no século 17. Desde então, atacaram todos os forasteiros que tentavam contato. Até os outros indígenas do Equador evitavam os *auca*, por sua brutalidade.

Quando Jim e os outros missionários se preparavam para fazer contato, Elisabeth sabia que os cinco homens estariam colocando sua vida em perigo, mas estava resoluta. Ela e Jim tinham dado a vida àquela missão. Por várias semanas, um piloto missionário sobrevoou com um pequeno avião uma aldeia *auca*, lançando alimentos e outros itens, como presentes. Lançavam também fotos dos cinco membros da equipe a fim de preparar os índios para o primeiro encontro.

Algumas semanas mais tarde, Jim e os outros quatro missionários desembarcaram em um pequeno trecho da praia no rio Curaray e fizeram um acampamento. Ali fizeram contato com três índios *auca* — um homem e duas mulheres — que pareciam amigáveis e receptivos. Nos dias seguintes, encontraram-se com vários outros índios. Falaram com as esposas pelo rádio, e parecia que estavam fazendo progressos significativos no contato amistoso com a tribo.

Alguns dias mais tarde, porém, os missionários não fizeram contato com a base no horário combinado. As esposas esperaram em vão por notícias. Passaram-se minutos, depois horas, e depois um dia se passou. Elisabeth e os demais temiam o pior.

Uma equipe de busca foi enviada para procurar os cinco homens e transmitiu más notícias pelo rádio. A equipe tinha avistado o corpo de um homem branco boiando no rio. Os integrantes da equipe encontraram os missionários, um por um. Com todos acontecera o mesmo: haviam sido feridos por lanças dos *auca*. Os cinco homens estavam mortos.

Sob tais circunstâncias, muitas pessoas no lugar de Elisabeth Elliot teriam voltado para casa. Estar disposto a abrir mão de uma vida confortável nos Estados Unidos para ajudar outras pessoas é uma coisa, abrir mão do próprio cônjuge é outra bem diferente. Elisabeth, porém, tinha um coração verdadeiramente generoso. A despeito de sua terrível perda, ela ainda desejava ajudar o povo do Equador. Permaneceu e evangelizou os *quíchua*, com os quais vivia.

O que aconteceu depois disso é ainda mais notável. Outros missionários continuaram tentando fazer contato com a aldeia *auca*. Após cerca de dois anos, tiveram sucesso. Imediatamente Elisabeth Elliot dirigiu-se para a aldeia. Era para se vingar? Não. Era para trabalhar com aquele povo e evangelizá-los. Elisabeth viveu e trabalhou entre o *povo auca* por dois anos, e muitos deles alegremente aceitaram a mensagem do amor de Deus que ela levava — inclusive dois dos sete homens que tinham matado seu marido.

Fundamentação

Nada fala mais alto às pessoas ou as atende melhor do que a generosidade de um líder. A verdadeira generosidade não é um acontecimento ocasional. Vem do coração e permeia todo aspecto da vida de um líder, no tocante a seu tempo, dinheiro, talento e posses. Os líderes eficientes, daquele tipo que as pessoas desejam seguir, não obtêm as coisas somente para si; eles o fazem para doar aos outros. Desenvolva a qualidade da generosidade em sua vida. Eis como:

1. Agradeça por tudo que possui

É difícil uma pessoa ser generosa se não está satisfeita com o que possui. A generosidade emana do contentamento e não do desejo de adquirir mais. O milionário John D. Rockefeller admitia: "Ganhei milhões, mas eles não me trouxeram felicidade." Se você não estiver contente com pouco, não se contentará com muito. Se não for generoso com pouco, não mudará subitamente caso se torne rico.

2. Coloque as pessoas em primeiro lugar

A valoração de um líder não está no número de pessoas que o servem, mas no número de pessoas que ele serve. A generosidade exige que se coloquem os outros em primeiro lugar. Se puder fazer isso, será muito mais fácil doar.

3. Não permita que o desejo de posse controle você

De acordo com meu amigo Earle Wilson, as pessoas podem ser divididas em três grupos: "Os que têm, os que não têm e os que não pagaram pelo que têm." Cada vez mais pessoas se tornam escravas do desejo de consumo. Segundo o escritor Richard Foster: "Possuir coisas é uma obsessão em nossa cultura. Se possuímos alguma coisa, sentimos que podemos controlá-la; e se podemos controlá-la, sentimos que ela nos dará mais prazer. Essa ideia é uma ilusão." Se você deseja ter o controle de seu coração, não permita que os bens o controlem.

4. Considere o dinheiro um recurso

Certa vez, alguém disse que, quando se trata de dinheiro, não se pode vencer. Se você se concentra em ganhar, é materialista. Se tenta, porém não consegue ganhá-lo, é um perdedor. Se ganha muito dinheiro e o guarda, é avarento. Se ganha dinheiro e o gasta, é perdulário. Se não se preocupa em ganhar dinheiro, não tem ambição. Se ganha muito dinheiro e ainda o tem quando morre, é um tolo — por tentar levá-lo consigo.

A única maneira de vencer quando se trata de dinheiro é não se apegar a ele — e ser generoso com ele, para realizar coisas de valor. Como disse E. Stanley Jones: "O dinheiro é um servo maravilhoso, porém um senhor terrível. Se o dinheiro se tornar a coisa mais importante, e você for subjugado por ele, você se tornará seu escravo."

5. *Desenvolva o hábito de doar*

Em 1889, o industrial e milionário Andrew Carnegie escreveu um ensaio chamado *Evangelho da riqueza*. Nele, Carnegie diz que a vida de uma pessoa rica deve ter dois períodos: um período de aquisição de riqueza e outro de redistribuição dela. A única forma de manter uma atitude de generosidade é criar o hábito de doar — tempo, atenção, dinheiro e recursos. Richard Foster aconselha: "O simples ato de abrir mão do dinheiro ou de outro bem faz algo dentro de nós. Destrói o demônio da ganância." Se você está escravizado pela ganância, não pode liderar.

Reflexão

Você é um líder generoso? Busca continuamente meios de contribuir para as pessoas? Você está doando dinheiro para algo maior do que você? Para quem está doando seu tempo? Está servindo com sua vida ao próximo? Está ajudando aqueles que não podem ajudá-lo ou não podem dar-lhe nada em troca? O escritor John Bunyan afirmou: "Você não terá vivido o dia de hoje até que tenha feito algo a alguém que jamais poderá retribuir-lhe." Se você não estiver fazendo doações nas pequenas áreas de sua vida, provavelmente não é tão generoso quanto um líder poderia ser.

Reforço

Para melhorar sua generosidade:

- *Doe alguma coisa*. Descubra o tipo de domínio que os bens exercem sobre você. Pense em algum objeto que você realmente valoriza; pense em alguém com quem você se preocupa e que poderia se beneficiar com ele; doe esse objeto a essa pessoa. Se puder fazê-lo anonimamente, melhor ainda.

- *Use seu dinheiro para produzir.* Se você conhece alguém com visão para fazer algo realmente grande — algo que cause impacto positivo na vida de outras pessoas —, ofereça recursos para que o projeto se realize. Use seu dinheiro para produzir algo que sobreviva a você.
- *Seja mentor de alguém.* Uma vez que você atinge certo nível de liderança, a coisa mais valiosa que terá a doar é você mesmo. Encontre alguém a quem possa servir. Ofereça a essa pessoa tempo e recursos para que ela se torne um líder melhor.

Ação diária

Quando o conhecido escritor francês Dominique Lapierre visitou a Índia pela primeira vez a fim de fazer pesquisas para um novo livro, ele o fez em grande estilo: em um Rolls-Royce Silver Shadow que acabara de comprar com o pagamento antecipado de um livro. Enquanto estava na Índia, coletou o que precisava para seu livro *The City of the Joy*. Entretanto, ele também recebeu algo mais: uma paixão por ajudar os pobres e miseráveis que encontrou lá. Essa descoberta mudou sua vida para sempre. Atualmente ele divide seu tempo entre escrever, captar recursos e doar tempo e dinheiro para auxiliar as pessoas. Sua atitude pode ser resumida nas palavras do poeta indiano Rabindranath Tagore, impressas na parte posterior do cartão de visitas de Lapierre: "Tudo o que não for doado é perdido." O que você está perdendo atualmente por retê-lo?

10. INICIATIVA

Não saia de casa sem ela

O sucesso parece estar ligado à ação. Pessoas bem-sucedidas mantêm-se ativas. Elas cometem erros, mas não desistem.
CONRAD HILTON, *executivo de hotelaria*

Dentre todas as coisas que um líder deve temer, a complacência é a que deveria encabeçar a lista.
JOHN C. MAXWELL

Só mais um passo adiante

Kemmons Wilson sempre teve iniciativa. Começou a trabalhar com sete anos e nunca mais parou. Começou vendendo revistas, jornais e pipoca. Em 1930, aos 17 anos, decidiu tentar pela primeira vez um trabalho assalariado. Foi empregado de um corretor de algodão, que lhe pagava 12 dólares por semana para atualizar a tabela de preços.

Quando surgiu uma vaga para o cargo de guarda-livros, com salário de 35 dólares semanais, Wilson inscreveu-se e foi aprovado. Entretanto, no dia do pagamento, ele recebeu os mesmos 12 dólares. Pediu aumento e foi atendido. Na semana seguinte, recebeu mais 3 dólares. Quando perguntou por que não recebia os 35 dólares como o outro guarda-livros, disseram-lhe que a companhia não pagaria o mesmo montante a um garoto de 17 anos. Wilson pediu demissão. Foi a última vez, em mais de 75 anos, que teve um trabalho assalariado.

Depois disso, Wilson ganhou dinheiro em vários negócios: máquinas de fliperama, distribuição de refrigerantes e *vending*.[1] Conseguiu economizar dinheiro para construir uma casa para sua mãe. Foi quando descobriu que a construção civil tinha muito potencial. Assim, entrou nesse ramo em Memphis e fez fortuna, aproveitando-se do *boom* da construção no período pós-guerra.

A iniciativa de Wilson rendeu-lhe muito dinheiro, mas não causou nenhum impacto no mundo — isto é, não até 1951. Nesse ano, o empresário de Memphis foi passar as férias com a família em Washington, DC. Naquela viagem, descobriu o péssimo estado em que se encontrava o ramo de hospedagem nos Estados Unidos. Desde a década de 20, surgiram motéis por todo o país. Alguns eram agradáveis ambientes familiares. Outros alugavam camas por hora. O problema era que os viajantes não sabiam com que tipo se deparariam.

"Não dava para saber em que tipo se estava entrando", Wilson lembrou tempos depois. "Alguns lugares eram sórdidos demais para serem descritos. E todos eles ainda cobravam pelas crianças. Isso fazia meu san-

---

[1] Máquinas automáticas, acionadas por ficha ou moeda, para vender produtos ao consumidor (refrigerantes, cigarros etc.).

gue escocês ferver." Um indivíduo como Wilson, que tinha cinco filhos, acabava de fato tendo prejuízo. Os motéis cobravam entre 4 e 6 dólares por noite mais 2 dólares por criança. Isso triplicava a conta.

A maioria das pessoas teria reclamado e depois esquecido. Wilson, porém, sempre com iniciativa, decidiu agir e fazer alguma coisa sobre isso. "Vamos para casa iniciar uma rede de hotéis familiares, em cujo nome se possa confiar", disse ele à esposa. Seu objetivo era construir 400 hotéis. A esposa riu.

Quando retornou a Memphis, Wilson contratou um projetista para ajudá-lo a planejar o primeiro hotel. Queria que fosse limpo, simples e facilmente identificável, que tivesse tudo de que ele e sua família sentiram falta durante a viagem, como piscina e um aparelho de televisão em cada quarto. No ano seguinte, ele abriu seu primeiro hotel nos arredores de Memphis. Seu nome piscava em uma enorme haste de 16m de altura. Chama-se Holiday Inn.

Wilson levou mais tempo do que esperava para chegar aos 400 hotéis. Por volta de 1959, possuía 100 deles. No entanto, ao decidir adotar o sistema de franquia, o número de hotéis cresceu. Por volta de 1964, havia 500 hotéis Holiday Inn; em 1968, mil hotéis. Em 1972, um Holiday Inn era inaugurado em algum lugar do mundo a cada 72 horas. A rede ainda continuava a crescer em 1979, quando Wilson se afastou da liderança da empresa por causa de um ataque cardíaco.

"Eu passei tanta fome quando jovem", disse, "que tinha de fazer algo para sobreviver. Quando me aposentei depois do ataque cardíaco, fui para casa descansar. Durou cerca de um mês". Simplesmente é muito difícil para um homem de iniciativa permanecer inativo.

Fundamentação

Em *As 21 irrefutáveis leis da liderança*, adverti aos líderes que eles são responsáveis por estabelecer uma conexão com seus seguidores. Essa, porém, não é a única área em que os líderes devem mostrar iniciativa. Eles sempre devem buscar oportunidades e estar prontos para a ação.

Que qualidades capacitam os líderes a fazer as coisas acontecerem? Vejo pelo menos quatro:

1. Eles sabem o que querem

O divertido pianista Oscar Levant disse em tom jocoso: "Assim que decido algo, fico cheio de indecisões." Infelizmente, é assim que muitas pessoas de fato agem. Entretanto, ninguém pode ser indeciso e eficiente ao mesmo tempo. Como diz Napoleon Hill: "O ponto de partida de qualquer empreendimento é o desejo." Se você deseja ser um líder eficiente, deve saber o que quer. Esta é a única maneira de você reconhecer a oportunidade quando ela surgir.

2. Eles se esforçam pela ação

O velho adágio diz: "Querer é poder." Os que têm iniciativa não esperam que os outros os motivem. Sabem que é sua responsabilidade se esforçarem além do limite confortável. E fazem disso uma prática regular. É por isso que alguém como o presidente Theodore Roosevelt, um dos líderes com maior iniciativa do século 20, pôde afirmar: "Não há nada brilhante ou extraordinário em minha história a não ser talvez uma única coisa: Faço o que acredito que deve ser feito... Quando decido fazer algo, eu faço."

3. Eles correm mais riscos

Quando os líderes sabem o que querem e conseguem esforçar-se para agir, ainda têm mais um obstáculo. Trata-se da disposição de correr riscos. Pessoas proativas sempre correm riscos. Entretanto, uma das razões pelas quais os bons líderes se dispõem a correr riscos é que eles reconhecem que também há um preço pela falta de iniciativa. O presidente John F. Kennedy afirmou que "há riscos e custos para um programa de ação, mas são muito menores do que os riscos de longo alcance e os custos da confortável inércia".

4. Eles cometem mais erros

A boa notícia para os que têm iniciativa é que eles fazem as coisas acontecerem; a má notícia é que cometem muitos erros. O fundador da IBM, Thomas J. Watson, reconheceu ao afirmar: "A maneira de ter sucesso é duplicar a média de fracassos."

Embora os líderes com iniciativa experimentem mais fracassos, eles não se permitem desanimar. Quanto maior o potencial, maior será a possibilidade de fracasso. O senador Robert Kennedy disse resumidamente: "Apenas os que ousam fracassar grandiosamente podem alcançar coisas grandiosas." Se você deseja conquistar grandes coisas como líder, deve ter iniciativa e estar disposto a correr riscos.

Reflexão

Você tem iniciativa? Está sempre alerta para as novas oportunidades, ou espera que elas venham até você? Está disposto a avançar com base em seus melhores instintos? Ou analisa tudo indefinidamente? Lee Iacocca, ex-presidente da Chrysler, disse: "Até a decisão correta torna-se errada se tomada tarde demais." Qual foi a última vez em que você tomou a iniciativa de fazer algo significativo em sua vida? Se ultimamente você não se tem esforçado para sair da zona de conforto, talvez precise estimular sua iniciativa.

Reforço

Para melhorar sua iniciativa, veja os seguintes pontos:

- *Mude sua mentalidade.* Se você não tem iniciativa, reconheça que o problema está em você, e não nos outros. Identifique por que você hesita em agir. Os riscos o assustam? Sente-se desencorajado por fracassos do passado? Você não percebe o potencial que as oportunidades oferecem? Descubra a fonte de sua hesitação e tente resolvê-la. Você não poderá avançar exteriormente até que seja capaz de fazê-lo interiormente.
- *Não espere a oportunidade bater à sua porta.* A oportunidade não bate à porta. Você precisa sair e procurar por ela. Faça um levantamento de seus trunfos, talentos e recursos. Ao fazê-lo você terá uma ideia de seu potencial. Agora dedique todos os dias de uma semana à procura de novas oportunidades. Onde você identifica necessida-

des? Quem está à procura da experiência que você possui? Qual o grupo de pessoas que você não contatou e que anseia pelo que você tem a oferecer? A oportunidade está em toda parte.

- *Dê o próximo passo.* Uma coisa é ver a oportunidade, outra é fazer algo sobre isso. Como alguém gracejou certa vez, todo mundo tem uma grande ideia debaixo do chuveiro. Entretanto, apenas algumas pessoas saem do chuveiro, enxugam-se e concretizam a ideia. Escolha a melhor oportunidade que encontrar e vá o mais longe que conseguir. Não pare até que tenha feito tudo que puder para torná-la uma realidade.

Ação diária

Em 1947, Lester Wunderman foi demitido arbitrariamente de seu cargo de publicitário em Nova York. Entretanto, o jovem sabia que poderia aprender muito com o líder da agência, Max Sackheim. Na manhã seguinte, Wunderman voltou à agência e trabalhou como sempre fizera — só que sem remuneração.

Sackheim o ignorou por um mês, mas finalmente procurou o jovem e lhe disse: "Certo, você venceu. Nunca conheci um homem que quisesse um emprego mais do que dinheiro."

Wunderman prosseguiu e tornou-se um dos mais bem-sucedidos publicitários do século. Ele é conhecido como o pai do marketing direto. Você terá de tomar medidas corajosas hoje para alcançar seu potencial amanhã.

11. Ouvir

Para conectar-se ao coração deles, use seus ouvidos

O ouvido do líder deve ser sensível à voz do povo.
WOODROW WILSON, presidente americano

Um bom líder encoraja seus seguidores a lhe dizer o que ele precisa saber e não o que ele deseja ouvir.
JOHN C. MAXWELL

Ela fala muito, porém ouve mais

Quem você incluiria em uma lista das pessoas mais influentes dos Estados Unidos? Certamente o presidente estaria na lista. Alan Greenspan também. Michael Jordan provavelmente estaria — é o rosto mais conhecido do planeta. Você pode dizer que Bill Gates também deve participar. Pare por um momento e pense nas pessoas que você incluiria. Agora quero que você acrescente um nome que talvez não tenha considerado: Oprah Winfrey.

Em 1985, Winfrey era praticamente desconhecida. Surgiu no filme *A Cor Púrpura*, de Steven Spielberg, e tornou-se apresentadora de um *talk show*, que conduziu por um ano em Chicago. O sucesso que alcançou pode ser atribuído a sua habilidade de falar. "A comunicação com as pessoas é o modo pelo qual sempre desenvolvi todo tipo de valor sobre mim mesma", ela explica. Desde criança, ela recebeu elogios por isso. "Lembro-me de quando tinha 2 anos. Eu falava na igreja e ouvia as pessoas comentarem: 'Essa menina com certeza sabe falar. É uma criança expressiva'."

Winfrey, porém, fez mais do que ouvir. De fato, a habilidade de ouvir tem sido a principal característica de sua vida. É uma aprendiz inveterada, e sua habilidade em ouvir começou à medida que ela absorvia a sabedoria dos escritores. Devorava livros de ficção e biografias, aprendendo como outras pessoas se sentiam e pensavam — e, nesse processo, ela também aprendeu sobre si mesma.

Essa tendência de ouvir foi de grande valia em todos os aspectos de sua carreira. A aplicação disso em seu programa de televisão é óbvia. Ela está constantemente observando e ouvindo a fim de encontrar temas que possa abordar em seu programa. Quando Oprah convida celebridades, escritores ou especialistas para seu programa, ela realmente ouve o que eles têm a dizer. A cantora Madonna fez o seguinte comentário: "Ela está há muito tempo no vídeo e mesmo assim mantém essa comunicação espantosa com as pessoas. Não sei como consegue." Ela consegue isso ouvindo.

A capacidade de Oprah Winfrey em ouvir tem sido recompensada pelo notável sucesso e pelo incrível prestígio. Ela é a apresentadora mais bem paga do mundo e vale quase meio bilhão de dólares.

Todas as semanas, 33 milhões de pessoas, só nos Estados Unidos, assistem a seu programa.

Apesar do sucesso de seu programa, recentemente ela pensou em tirá-lo do ar. Mas, em vez disso, decidiu renová-lo. Como ela determinou as modificações a serem feitas? Ela perguntou a sua equipe.

"Não tem de ser um peso", ela disse. "Fazer modificações neste programa é como fazer mudanças em nossa vida. Pode ser divertido fazer isso. Portanto, vamos relaxar. O que podemos fazer para torná-lo mais divertido?"

Ela hesitava sobre uma das ideias apresentadas por sua equipe. Entretanto, Oprah também teve suficiente bom-senso para ouvir — e dar uma chance. A ideia referia-se a um clube do livro. Como você deve saber, esse "clube" tem tido um sucesso tremendo. Centenas de milhares de pessoas estão aprendendo e crescendo por meio da leitura, algumas pela primeira vez. E Winfrey está satisfeita. Seu objetivo de vida é agregar valor às pessoas. E ela obtém sucesso porque ouve.

Fundamentação

Em *As 21 irrefutáveis leis da liderança*, alerto os líderes que toquem o coração antes de pedir ajuda. Esta é a Lei da Conexão. Entretanto, antes que o líder possa tocar o coração de alguém, ele tem de saber o que há nele. O líder descobre isso ouvindo.

É comum entre os maus líderes a falta de disposição para ouvir. Peter Drucker, o pai da administração americana, acredita que 60% de todos os problemas administrativos resultam de falhas na comunicação. Eu diria que a maioria esmagadora dos problemas de comunicação é causada pela falha no ouvir.

Há uma multidão de vozes clamando por sua atenção. Ao pensar em como empregar seu tempo para ouvir, tenha em mente dois objetivos: ligar-se às pessoas e aprender. Por isso, você deve manter seu ouvido aberto para:

1. *Seus seguidores*

Bons líderes, do tipo que as pessoas desejam seguir, fazem mais do que conduzir os negócios ao interagirem com seus seguidores. Eles procuram conhecer cada pessoa da equipe. Philip Stanhope, Conde de Chesterfield, acreditava que "muitos homens preferem que você ouça as histórias que eles têm a contar do que ter seus pedidos atendidos". Se você tem o hábito de ouvir apenas os fatos e não a pessoa que os expressa, mude seu foco — e realmente ouça.

2. Seus clientes

Um ditado cherokee diz: "Ouça os murmúrios e você não terá de ouvir os gritos." Surpreendem-me os líderes que ficam tão envolvidos em suas próprias ideias que nunca ouvem as preocupações, reclamações ou sugestões de seus clientes. Segundo Bill Gates, em seu livro A *empresa na velocidade do pensamento*, os "clientes descontentes são sempre uma preocupação. Mas também representam sua maior oportunidade". Bons líderes sempre priorizam o contato com as pessoas a quem estão servindo.

3. Seus concorrentes

Sam Markewich declarou: "Se você não concorda comigo, é sinal de que não ouviu nada." Embora, sem dúvida, se tratasse de uma piada, a triste verdade é que, quando um líder vê outro departamento como concorrente, ele se concentra na construção de seu próprio argumento ou na defesa de sua causa, esquecendo-se de aprender com o que o outro grupo está fazendo.

Larry King diz: "Lembro a mim mesmo cada manhã: nada do que eu disser neste dia me ensinará alguma coisa. Portanto, se quero aprender, tenho de ouvir." Como líder, você não deseja basear suas ações naquilo que os outros estão fazendo, mas deveria ouvir e aprender o que puder para seu aprimoramento.

4. Seus mentores

Nenhum líder é tão avançado ou experiente que possa abrir mão de um mentor. Aprendi muito com líderes mais experientes do que eu, pessoas como Melvin Maxwell (meu pai), Elmer Towns, Jack Hayford, Fred Smith e J. Oswald Sanders. Se você ainda não tem um mentor, procure um. Se você não tiver ninguém que possa ajudá-lo pessoalmente, comece pela leitura. Foi como eu mesmo comecei. O mais importante é colocar o processo em andamento.

Reflexão

Você é um bom ouvinte? Sei que eu não era ao começar a liderar. Estava ocupado demais em fazer meu trabalho e tentar fazer as coisas acontecerem. Entretanto, quando diminuí o ritmo e prestei mais atenção ao que acontecia ao meu redor, descobri que minhas atividades tornaram-se mais objetivas e mais acuradas.

Quando foi a última vez que você realmente deu atenção às pessoas e àquilo que tinham a dizer? Faça mais do que apenas se ater aos fatos. Comece a ouvir não só as palavras mas também os sentimentos, os significados e as intenções.

Reforço

Para melhorar sua habilidade de ouvir:

- *Mude sua agenda.* Você dedica tempo para ouvir seus seguidores, clientes, concorrentes e mentores? Se você não mantém esses quatro grupos regularmente na agenda, talvez não lhes esteja dedicando a atenção necessária. Estabeleça um tempo para cada grupo, diária, semanal ou mensalmente.
- *Reúna-se com as pessoas no ambiente delas.* Uma chave para ser um bom ouvinte é descobrir o que se tem em comum com as pessoas. Na próxima vez em que se encontrar com um funcionário ou cliente, faça-lhe quatro ou cinco perguntas que lhe forneçam alguns dados sobre o caráter dele. Saiba quem ele é e identifique elementos comuns para construir sua ligação com ele.
- *Ouça as entrelinhas.* Ao interagir com as pessoas, certamente você deseja prestar atenção ao conteúdo factual da conversa. Entretanto, não ignore o conteúdo emocional. Às vezes, você pode aprender mais sobre o que realmente está acontecendo lendo as entrelinhas. Nos próximos dias e semanas, dedique algum tempo ouvindo com o coração.

Ação diária

O presidente Theodore Roosevelt foi um homem de ação, mas também um bom ouvinte e apreciava essa qualidade nas outras pessoas. Certa vez, em um jantar de gala, ele se cansara de encontrar pessoas que respondiam a seus comentários com gracejos formais e vazios. Por isso, começou a cumprimentar as pessoas com um sorriso, dizendo: "Assassinei minha avó nesta manhã." A maioria das pessoas, bastante nervosa por encontrá-lo, mal ouvia o que ele dizia. Um diplomata, porém, ouviu. Depois de ouvir o comentário do presidente, inclinou-se e cochichou: "Tenho certeza de que ela recebeu o que merecia!" A única maneira de descobrir o que você está perdendo é começar a ouvir.

12. Paixão

Pegue esta vida e ame-a

Quando um líder age com paixão, geralmente recebe paixão como resposta.
John C. Maxwell

Qualquer um pode ser negligente, mas uma vez que você se compromete a fazer algo sério, esse algo entra em seu sangue e aí é muito difícil alguém conseguir impedi-lo.
Bill Cosby, *comediante*

O molho da pizza está em seu sangue

Em *As 21 irrefutáveis leis da liderança*, conto a história da Papa John's Pizza e de como a empresa, fundada em 1984 por John Schnatter, cresceu de uma para 46 lojas no primeiro período de sete anos, e de 46 para 1.600 no segundo período de sete anos. O sucesso fenomenal alcançado pela empresa nesse período subsequente deu-se pela Lei do Crescimento Explosivo: "Para somar, lidere seguidores — para multiplicar, lidere líderes." Mas qual foi a chave do sucesso da Papa John's no segundo período?

A chave é paixão. John Schnatter não apenas come como também respira, dorme e vive Papa John's Pizza. Esse é seu pensamento predominante. O analista Michael Speiser, da Lehman Brothers, disse sobre John Schnatter na revista *Success*: "Pizza é a vida de Schnatter, e ele leva isso muito a sério."

A filosofia de Schnatter é simples e direta: "Concentre-se naquilo que você faz bem", ele aconselha, "e faça melhor do que qualquer outra pessoa." O que ele faz bem é liderar a empresa que mais cresce no mundo nesse ramo de negócio. Ele gosta tanto de fazer isso que está sempre envolvido nas atividades.

Recentemente Schnatter fez uma visita a uma franquia dirigida por sua esposa, Annette, na cidade de Louisville, e descobriu que a loja estava atolada de pedidos. O que ele fez? Foi para a cozinha e passou uma hora e meia fazendo pizzas. Ele realmente adora fazer isso. Visita lojas quatro ou cinco vezes por semana — muitas vezes sem avisar — apenas para se certificar de que tudo está em ordem.

"Quando eu tinha 22 anos e falava sobre meu sonho de abrir um negócio de pizza, as pessoas achavam que eu estava louco", ele disse. "Os vendedores, o pessoal do banco e mesmo alguns amigos riam quando eu dizia que abriria cinco ou seis lojas por mês." Atualmente, ele inaugura o número surpreendente de 30 lojas por mês — uma nova loja a cada dia do ano!

John Schnatter deseja continuar crescendo. Uma franquia foi aberta no México, e ele tem planos de expandir para a Venezuela, Porto Rico e outros mercados fora dos Estados Unidos. Não pretende parar até que lidere a maior rede de venda de pizzas do mundo. É bem provável que consiga, porque ele ama e se dedica ao que faz.

Fundamentação

Os especialistas passam muito tempo tentando descobrir o que torna as pessoas bem-sucedidas. Muitas vezes atêm-se às referências das pessoas, à inteligência, formação e a outros elementos. Entretanto, mais do que qualquer coisa, é a paixão que faz a diferença. David Sarnoff, da RCA, afirma que "ninguém pode ser bem-sucedido a menos que ame seu trabalho".

Se você observar a vida de líderes eficientes, descobrirá que frequentemente eles não se encaixam em um modelo estereotipado. Por exemplo, mais da metade de todos os CEOs das empresas listadas na *Fortune 500* tiveram média C na universidade. Quase 75% de todos os presidentes americanos estavam entre os piores alunos da classe. Mais de 50% de todos os empresários milionários nunca concluíram o curso superior. O que permite a pessoas aparentemente comuns alcançarem grandes coisas? A resposta é paixão. Nada pode substituir a paixão na vida de um líder.

Atente a essas quatro verdades sobre a paixão e o que ela pode fazer por você como líder:

1. *A paixão é o primeiro passo para a realização*

Seu desejo determina seu destino. Pense em grandes líderes e ficará impressionado pela paixão deles: Gandhi pelos direitos humanos, Winston Churchill pela liberdade, Martin Luther King Jr. pela igualdade e Bill Gates pela tecnologia.

Qualquer um que tenha uma vida além da comum possui um grande desejo. E isso se aplica a qualquer campo: desejo fraco traz resultados fracos, assim como uma pequena fogueira gera pouco calor. Quanto maior for o fogo, maior será o desejo — e maior o potencial.

2. *A paixão aumenta sua força de vontade*

Conta-se que um jovem desapaixonado aproximou-se do filósofo grego Sócrates e disse despreocupadamente:

— Ó grande Sócrates, venho a ti para obter conhecimento.

O filósofo levou o jovem até a praia, entrou com ele no mar e o afundou durante 30 segundos. Quando permitiu que o jovem se levantasse para respirar, Sócrates pediu que ele repetisse seu pedido.

— Quero conhecimento, ó grande mestre — ele falou, com dificuldade. Sócrates o colocou novamente debaixo d'água, só que dessa vez por mais tempo. Depois de repetidos mergulhos e respostas, o filósofo perguntou:

— O que você deseja?

O jovem finalmente respondeu, ofegante:

— Ar! Quero ar!

— Bom — respondeu Sócrates —, quando você desejar o conhecimento tanto quanto deseja o ar, você o terá.

Não existe substituto para a paixão. Ela é o combustível da vontade. Se você deseja muito alguma coisa, pode encontrar a força de vontade para alcançá-la. A única forma de ter esse tipo de desejo é o desenvolvimento da paixão.

3. *A paixão transforma você*

Se você seguir sua paixão — em vez das percepções alheias — sem dúvida se tornará uma pessoa mais dedicada e produtiva. Isso aumenta sua capacidade de causar impacto nos outros. No final, sua paixão terá mais influência do que sua personalidade.

4. *A paixão torna o impossível possível*

Para os seres humanos, sempre que algo incendeia a alma as impossibilidades se desvanecem. Um fogo no coração eleva tudo na vida. É por isso que os líderes passionais são tão eficientes. Um líder com grande paixão e poucas habilidades sempre supera um líder com grandes habilidades e desapaixonado.

Reflexão

Apesar do poder da paixão, muitas pessoas em nossa cultura parecem acreditar que a paixão deve ser vista com desconfiança. O sociólogo Tony

Campolo observou: "Estamos presos a um estágio particular de nosso *ethos* nacional em que não só somos materialistas mas — pior ainda — estamos nos tornando emocionalmente mortos como povo. Não cantamos, não dançamos e nem mesmo pecamos com o mesmo entusiasmo."

A paixão é uma característica de sua vida? Você se levanta sentindo entusiasmo para enfrentar o novo dia? O primeiro dia da semana é seu dia favorito ou você vive de um fim de semana a outro andando feito sonâmbulo na rotina do dia a dia? Quanto tempo se passou desde que você não conseguia dormir de tanto entusiasmo por uma ideia nova?

Se a paixão não é uma qualidade de sua vida, você tem problemas como líder. A verdade é que você nunca poderá liderar alguma coisa pela qual não se sente apaixonado. Não poderá iniciar um incêndio em sua organização, a menos que o fogo esteja queimando primeiro em você.

Reforço

Para aumentar sua paixão:

- Examine sua temperatura. Quanto de paixão você tem pela vida e pelo trabalho? Como ela se manifesta? Faça uma avaliação honesta, perguntando a vários colegas de trabalho e a seu cônjuge como eles avaliam seu nível de entusiasmo. Você não se tornará um apaixonado até que acredite que a paixão possa ser o diferencial em sua vida.
- Volte a seu primeiro amor. Muitas pessoas permitem que a vida e suas circunstâncias as afastem do objetivo. Lembre-se da época em que você estava iniciando sua carreira — ou mesmo antes ainda, quando era criança. O que realmente estimulava você? O que você fazia durante horas e horas? Tente recuperar aquele velho entusiasmo. Depois, avalie sua vida e carreira à luz desses amores antigos.
- Associe-se a pessoas com paixão. Parece tolo, mas a união faz a força. Se você perdeu a chama, aproxime-se de alguns incendiários. A paixão é contagiosa. Mantenha um contato regular com pessoas que possam contagiá-lo.

Ação diária

O general Billy Mitchell, oficial de carreira do exército norte-americano, foi destacado para um campo de aviação em 1916. Foi ali que aprendeu a pilotar aviões, o que se tornou a paixão de sua vida. Embora os aviões tivessem desempenhado um papel pouco importante na Primeira Guerra Mundial, ele pôde perceber o potencial militar do poderio aéreo. Depois da guerra, iniciou uma campanha para convencer os militares a criar uma força aérea. Apresentou várias demonstrações do que os aviões podiam fazer, mas encontrou forte resistência. Frustrado, em 1925, forçou o exército a levá-lo à corte marcial. Um ano depois, deixou a corporação. Somente depois da Segunda Guerra Mundial, Mitchell foi perdoado e condecorado postumamente com a Medalha de Honra. Ele estava disposto a pagar qualquer preço para fazer o que sabia estar certo. E você?

13. Atitude positiva

Crer é poder

A maior descoberta de minha geração é que o ser humano pode mudar sua vida alterando seu modo de pensar.
WILLIAM JAMES, *psicólogo*

Um homem bem-sucedido é aquele capaz de construir uma base firme com os tijolos que os outros atiraram nele.
DAVID BRINKLEY, *repórter de TV*

Mais do que transpiração e inspiração

A revista *Life* o chamou de homem número um do milênio. O número de coisas que inventou é de pasmar: 1.093. Registrou mais patentes do que qualquer outra pessoa no mundo, e foi-lhe concedido pelo menos um registro por ano, durante 65 anos consecutivos. Também desenvolveu o moderno laboratório de pesquisas. Seu nome era Thomas Edison.

Muitas pessoas atribuem a habilidade de Edison a seu gênio criativo. Ele a atribuía ao trabalho árduo. "Gênio", ele declarou, "é 99% transpiração e 1% inspiração". Creio que seu sucesso também se devia a um terceiro fator: sua atitude positiva.

Edison era um otimista que via o lado bom em tudo. Certa vez, ele disse: "Se fizéssemos tudo aquilo que somos capazes de fazer, literalmente nos assustaríamos." Quando teve de fazer 10 mil tentativas até encontrar o material adequado para a lâmpada incandescente, não as considerou fracassos. A cada tentativa adquiria informações sobre o que não funcionava, o que o aproximava da solução. Nunca duvidou de que acabaria encontrando uma boa solução. Sua crença podia ser resumida pela afirmação: "Muitos dos fracassos da vida devem-se ao fato de as pessoas não perceberem quão próximas estavam do sucesso ao desistirem."

Provavelmente a demonstração mais notável da atitude positiva de Thomas Edison esteja no modo como abordou uma tragédia, já próximo dos 70 anos. O laboratório que construíra em West Orange, Nova Jersey, tinha fama mundial. Ele chamava de fábrica de invenções o complexo de 14 edifícios. O edifício principal era enorme — maior do que três campos de futebol juntos. Daquela base de operações, ele e sua equipe concebiam invenções, desenvolviam protótipos, manufaturavam produtos e os enviavam aos clientes. O prédio tornou-se um modelo da pesquisa e manufatura modernas.

Edison amava aquele local. Passava ali todo o tempo que podia. Até dormia lá, muitas vezes sobre uma das mesas do laboratório. Entretanto, em um dia de dezembro de 1914, seu querido laboratório pegou fogo. Conta-se que enquanto Edison, do lado de fora, observava tudo queimar teria dito: "Crianças, chamem sua mãe. Ela jamais verá outro incêndio como este."

Muitas pessoas ficariam arrasadas, não Thomas Edison. "Tenho 67 anos", ele afirmou depois da tragédia, "mas não sou velho demais para começar tudo de novo. Já passei por muitas coisas assim". Ele reconstruiu o laboratório e continuou trabalhando por mais 17 anos. "Tenho muitas ideias, mas pouco tempo", comentou. "Espero viver até perto dos cem anos." Morreu aos 84.

Fundamentação

Se Thomas Edison não fosse uma pessoa tão positiva, jamais teria alcançado tal sucesso como inventor. Se você observar a vida de pessoas, de qualquer profissão, que alcançam um sucesso duradouro, verá que quase sempre têm uma visão positiva da vida.

Se você deseja ser um líder eficiente, é essencial que tenha uma atitude positiva. Isso não só determina seu nível de satisfação como pessoa, mas também tem um impacto na forma como os outros interagem com você. Para saber mais sobre como ser positivo, pense no seguinte:

1. *Sua atitude é uma escolha*

A pessoa comum em geral espera por alguém que a motive. Ela percebe que as circunstâncias são responsáveis pelo modo como pensa. Entretanto, o que vem primeiro — a atitude ou as circunstâncias? É de fato uma questão como a do "ovo e da galinha". Na verdade, não importa o que vem primeiro. Não importa o que aconteceu a você ontem, hoje é você que escolhe sua atitude.

O psicólogo Victor Frankl acreditava que "a última de nossas liberdades humanas é escolher nossa atitude, não importa a circunstância". Ele conhecia a veracidade dessa afirmação. Frankl sobreviveu à prisão em um campo de extermínio nazista e durante o cativeiro não permitiu que sua atitude decaísse. Se ele pôde manter uma atitude benéfica, você também pode.

2. *Sua atitude determina suas ações*

O especialista em família Dervis Waitley aborda essa questão: "A vantagem do vencedor não está em uma família bem-dotada, em um QI alto ou na habilidade. A vantagem do vencedor está completamente na atitude e não na aptidão. A atitude é o critério para o sucesso." Sua atitude é fundamental porque ela determina como você age.

3. Seus seguidores são um espelho de sua atitude

Sempre fico espantado com os líderes que demonstram uma atitude pessimista, mas esperam de seus seguidores uma atitude otimista. Entretanto, a Lei do Magnetismo realmente é verdadeira: quem você é define quem você atrai.

Se você observar a vida de Thomas Edison, verá que sua atitude positiva e seu entusiasmo não só o alimentaram mas também inspiraram sua equipe a prosseguir até que alcançasse o sucesso. Ele deliberadamente tentou passar essa qualidade aos outros. Certa vez, afirmou: "Se a única coisa que deixarmos a nossos filhos for a qualidade do entusiasmo, teremos dado a eles um bem de valor inestimável."

4. Manter uma boa atitude é mais fácil do que readquiri-la

Em *Earth and Altar*, Eugene H. Peterson escreveu: "A piedade é uma das emoções mais nobres disponíveis ao ser humano; a autopiedade provavelmente é a mais desprezível... [Ela] é uma doença emocional que incapacita, que distorce gravemente nossa percepção da realidade... uma droga que deixa seus usuários desolados e abandonados."

Se você já tem uma atitude positiva, quero incentivá-lo a mantê-la. Por outro lado, se para você é difícil esperar o melhor de si e dos outros, não perca a esperança. Já que pode escolher sua atitude, você pode mudá-la.

Reflexão

O cardiologista e cirurgião inglês Martyn Lloyd-Jones afirmou: "Muito da infelicidade da vida deve-se ao fato de que se ouve mais a si mesmo do que se fala consigo mesmo." Que tipo de vozes você está ouvindo? Ao conhecer as pessoas, você diz a si mesmo que elas irão decepcioná-lo? Ao enfrentar novas experiências, uma voz em sua mente diz que você vai fracassar? Se você estiver ouvindo mensagens negativas, precisará aprender a ter conversas mentais positivas e animadas consigo mesmo. A melhor maneira de reformular sua atitude é evitar que diante da bifurcação sua própria mente opte pela via negativa.

Reforço

Para melhorar sua atitude:

- *Alimente-se com o "alimento" certo.* Se você estiver faminto de qualquer coisa positiva, então precisará começar a se alimentar de uma porção regular de material motivador. Leia livros que incentivem uma atitude positiva. Ouça fitas sobre motivação. Quanto mais negativo você for, mais tempo levará para mudar sua atitude. Entretanto, se você fizer uma dieta firme do "alimento" adequado, poderá tornar-se alguém de pensamento positivo.
- *Alcance objetivos diariamente.* Algumas pessoas entram em uma rotina de negatividade porque acreditam que não estão progredindo. Se isso vale para você, comece estabelecendo objetivos diários alcançáveis para você mesmo. Um padrão de realizações positivas o ajudará a desenvolver um padrão de pensamento positivo.
- *Escreva isso em um quadro.* Todos nós precisamos de lembretes que nos ajudem a pensar certo. Alex Haley costumava manter em seu escritório uma figura de uma tartaruga em uma cerca, para lembrá-lo de que todos precisam da ajuda do outro. Como fator de incentivo, as pessoas expõem prêmios que ganharam, cartazes inspiradores ou cartas recebidas. Encontre algo que funcione para você e pendure na parede.

Ação diária

Ao observar qualquer atleta profissional, percebe-se um grande talento. Entretanto, a mente é o que eleva os melhores aos níveis mais altos. Por exemplo, vejamos Chris Evert. Uma das maiores atletas de todos os tempos, ela conquistou 18 títulos do *grand slam* e um recorde de 1.309 vitórias contra 146 derrotas. Em 17 anos de carreira, nunca esteve abaixo da quarta posição no *ranking*. De acordo com a tenista, "o que separa os bons dos grandes jogadores é a atitude mental. Ela pode fazer uma diferença de dois ou três pontos em uma partida inteira, mas o modo como você joga para obter esses pontos muitas vezes faz a diferença entre a vitória e a derrota. Se a mente for forte, você poderá fazer praticamente tudo que deseja". Sua mente está "condicionada" para obter os pontos cruciais que estão à sua frente?

14. Solução de problemas

Não permita que os problemas sejam um problema

Você pode avaliar um líder pelos problemas que ele ataca. Ele sempre procura problemas de seu próprio tamanho.
JOHN C. MAXWELL

O sucesso não é medido pelo nível de dificuldade do problema com o qual se lida, mas sim por sua reincidência.
JOHN FOSTER DULLES, *ex-secretário de Estado*

O pequeno comerciante que chegou lá

O fundador do Wal-Mart, Sam Walton, foi chamado de muitas coisas, inclusive inimigo das pequenas cidades americanas e destruidor dos comerciantes da Avenida do Comércio. "Muitas lojas pequenas fecharam as portas durante o período de crescimento do Wal-Mart", Walton admite. "Algumas pessoas tentaram fazer disso uma grande polêmica, do tipo 'Salvem os Comerciantes das Pequenas Cidades', como se fossem baleias ou coisa que o valha." Na verdade, o próprio Walton foi um pequeno comerciante da Avenida do Comércio, do tipo que diziam que ele estava destruindo. A única diferença é que ele era um excelente líder, capaz de solucionar problemas e mudar em vez de fechar as portas.

Sam Walton nasceu em Kingfish, Oklahoma, e cresceu em Columbia, Missouri. Demonstrou liderança na escola secundária ao ser eleito presidente do corpo estudantil; liderou seu time de futebol como quarto zagueiro e sua equipe conquistou, invicta, o campeonato estadual da temporada. Walton, com seu 1,75m, realizou o mesmo feito como líder do time de basquete.

Ao concluir o curso superior e trabalhar por alguns anos, Walton serviu no exército durante a Segunda Guerra Mundial. Após deixar o serviço militar, escolheu o varejo, área que adorava. Junto com sua esposa escolheu a pequena cidade de Bentonville, Arkansas, para viverem. Foi onde abriram uma Walton's Five and Dime Variety Store. O negócio ia bem, em parte pela agilidade de Walton, mas também porque ele demonstrara visão ao mudar o sistema de sua loja para *self-service*, um novo conceito na época. Ele trabalhou duro e continuou crescendo. Por volta de 1960, possuía 15 lojas. Contudo, foi também por volta dessa época que o concorrente Herb Gibson levou as lojas de atacado para o nordeste do Arkansas. Suas lojas competiam diretamente com as lojas de variedades de Walton.

"Na verdade tínhamos apenas duas alternativas: continuar no negócio da loja de variedades e sermos golpeados pela onda de atacados ou abrir uma loja desse tipo. Assim, comecei a viajar por todo o país, estudando o conceito... Em 2 de julho de 1962, abrimos a primeira Wal-Mart em Roger, Arkansas, na estrada que vem de Bentonville", Walton comentou.

Walton prontamente abriu mais outras lojas. Sua cadeia Wal-Mart era pequena se comparada a algumas das outras que haviam iniciado na mesma época — Kmart, Target e Woolco —, mas estava se tornando forte, o que levou ao problema seguinte. Walton percebeu que precisava melhorar o planejamento e a distribuição das lojas. Ele e sua equipe resolveram o problema criando centrais de distribuição. Essa medida, juntamente com a informatização, permitiu que fizessem pedidos em grande escala, mantivessem o controle das necessidades de cada loja e fizessem uma distribuição rápida e eficiente. Quando o investimento em novos equipamentos e instalações para novos centros de distribuição gerou um grande débito, a situação foi tratada simplesmente como mais um problema a ser solucionado. Walton solucionou-o transformando a empresa em sociedade anônima, em 1970.

Em 1992, ano de sua morte, a empresa administrava mais de 1.700 lojas em 42 estados americanos e no México. Sam Walton, o proprietário de uma loja de variedades em uma pequena cidade, se tornara o varejista número um dos Estados Unidos. Desde sua morte, a empresa continua forte, sua liderança soluciona os problemas à medida que surgem e mantém a Wal-Mart e outra cadeia varejista, a Sam's Club, progredindo.

Fundamentação

Os líderes eficientes, como Sam Walton, sempre superam um desafio. Esta é uma das características que distinguem os vencedores dos que vivem reclamando. Enquanto outros varejistas reclamavam da concorrência, Walton a superou solucionando os problemas com criatividade e tenacidade.

Independentemente do campo em que um líder estiver, ele sempre enfrentará problemas. Eles são inevitáveis por três razões. Primeira, vivemos em um mundo de diversidade e complexidade crescentes. Segunda, interagimos com pessoas. E terceira, não podemos controlar todas as situações que enfrentamos.

Os líderes com boa capacidade de solucionar problemas demonstram cinco qualidades:

1. Eles preveem problemas

Já que os problemas são inevitáveis, bons líderes os preveem. Aquele que espera encontrar facilidade sempre se encontrará em apuros. Contaram-me uma história sobre David Livingstone, o missionário enviado à África, que ilustra o tipo de atitude de que os líderes precisam. Uma organização missionária queria enviar alguns auxiliares para o Dr. Livingstone. O diretor da organização lhe escreveu: "O senhor descobriu alguma boa estrada que leve até onde o senhor está? Se houver, queremos enviar outros homens para auxiliá-lo."

Livingstone respondeu: "Se você tiver homens que virão *apenas* se souberem que há uma boa estrada, não os quero aqui. Quero homens que venham para cá mesmo que não haja nenhuma estrada." Se você mantiver uma atitude positiva, mas planeja antevendo o pior, estará em boa posição para solucionar os problemas que surgirem em seu caminho.

2. Eles aceitam a verdade

As pessoas reagem aos problemas dos seguintes modos: recusam-se a aceitá-los; aceitam-nos e depois os suportam; ou os aceitam e tentam melhorar as coisas. Os líderes sempre devem optar pelo terceiro modo.

O locutor Paul Harvey declarou: "Em tempos como este é bom lembrar que sempre houve tempos como este." Nenhum líder pode esconder a cabeça na areia e ao mesmo tempo navegar com sua equipe em águas turbulentas. Os líderes eficientes enfrentam a realidade de uma situação.

3. Eles têm uma visão do todo

Os líderes devem ter sempre uma visão do todo. Não podem permitir que a emoção os domine, nem podem se deixar atolar por detalhes a ponto de perderem de vista o que é importante. Segundo o escritor Alfred Armand Montapert: "A maioria entende os obstáculos; alguns entendem os objetivos; a história registra o sucesso do segundo grupo, ao passo que o esquecimento é a recompensa do primeiro."

4. Eles tratam de uma coisa por vez

Richard Sloma aconselha: "Nunca tente resolver todos os problemas de uma só vez — coloque-os em fila, um atrás do outro." Os líderes que estão envolvidos frequentemente em problemas são aqueles que se sentem dominados pela dimensão ou pelo volume de seus problemas, dificultando-lhes a solução. Se você está enfrentando vários problemas, certifique-se de haver solucionado de fato aquele em que está trabalhando antes de passar para o próximo.

5. *Eles não desistem de um objetivo importante se estiverem desanimados*

Os líderes eficientes compreendem o princípio dos altos e baixos. Tomam as decisões mais importantes quando estão passando por um bom momento na liderança, não durante uma fase ruim. Como diz o zagueiro da Liga Nacional de Futebol Americano, Bob Christian: "Não decido se está na hora de parar de jogar durante as concentrações." Ele sabe que não deve desistir quando está no vale.

Reflexão

Segundo opinião do escritor George Matthew Adam: "O que você pensa significa mais do que qualquer outra coisa em sua vida. Mais do que você ganha, mais do que o lugar onde vive, mais do que sua posição social e mais do que qualquer outra pessoa possa pensar sobre você." Todo problema apresenta você a você mesmo. Ele lhe mostra como você pensa e de que é feito.

Como você reage frente a frente com um problema? Ignora e torce para que o problema desapareça? Sente-se impotente para resolvê-lo? Você já teve a péssima experiência de tentar resolver problemas do passado que simplesmente abandonou? Ou você os ataca com disposição?

A habilidade de solucionar problemas eficientemente procede da experiência de enfrentar e superar obstáculos. Sempre que você solucionar outro problema, melhorará um pouco mais no processo. Entretanto, se você nunca tentar, fracassar e tentar novamente, jamais se tornará bom nisso.

Reforço

Para melhorar sua capacidade de solucionar problemas:

- *Procure problemas.* Se você tem evitado problemas, saia e procure por eles. Você só melhorará se adquirir experiência lidando com eles. Encontre situações que precisem ser corrigidas, apresente várias soluções viáveis e mostre-as a um líder com boa experiência em solucionar problemas. Com base nas decisões desse líder, você aprenderá como ele pensa ao lidar com dificuldades.
- *Desenvolva um método.* Algumas pessoas têm dificuldade em solucionar problemas porque não sabem como atacá-los. Tente utilizar o processo abaixo:

  Tempo — dedique um tempo para descobrir a situação real.

  Estudo — descubra o que já foi feito a respeito.

  Assessoria — faça com que sua equipe estude todos os aspectos possíveis.

  Criatividade — *brainstorm* de várias soluções.

  Ataque — coloque em prática a melhor solução.
- *Tenha bons solucionadores de problema a seu lado.* Se você não é bom na solução de problemas, traga para sua equipe aqueles que são. Eles de imediato complementarão seu ponto fraco, e você também aprenderá com eles.

Ação diária

O boxeador Gene Tunney ganhou o título de campeão de peso-pesado vencendo Jack Dempsey. A maioria das pessoas não sabia que, no início de sua carreira de boxeador, Tunney fora um grande golpeador. Entretanto, antes de tornar-se profissional, ele quebrou as duas mãos. Seu médico e empresário disse-lhe que, por causa disso, ele nunca seria um campeão. Isso, porém, não o deteve.

"Se não posso ser campeão como bom golpeador", ele disse, "serei como boxeador". Tunney aprendeu e tornou-se um dos boxeadores mais talentosos a conquistar o título. Nunca permita que os outros coloquem obstáculos no caminho de seus sonhos.

15. Relacionamentos

Se você se relacionar bem com as pessoas, elas se relacionarão bem com você

O único ingrediente mais importante na fórmula do sucesso é saber como se dar bem com as pessoas.
>> Theodore Roosevelt, *ex-presidente dos EUA*

As pessoas não se importam com quanto você sabe, até que saibam quanto você se importa.
>> John C. Maxwell

O melhor remédio

Se você não é médico, provavelmente nunca ouviu falar de William Osler. Ele foi médico, professor universitário e escritor. Praticou a medicina e ensinou até sua morte, em 1919, aos 70 anos. Seu livro *Principles and Practice of Medicine* influenciou a formação de médicos por mais de 40 anos em todos os países de língua inglesa, bem como China e Japão. No entanto, essa não foi sua maior contribuição ao mundo. Osler trabalhou para que o sentimento humano voltasse à prática da medicina.

A propensão de Osler para a liderança surgiu já na infância. Ele foi um líder natural e o aluno mais influente da escola. Sempre demonstrou uma habilidade excepcional com pessoas. Tudo que Osler fazia dizia respeito à importância da construção de relacionamentos. Ao se tornar adulto e médico, fundou a Associação Americana de Médicos, de forma que os profissionais da saúde podiam se reunir, trocar informações e ajudar uns aos outros. Como professor, Osler mudou a maneira como as escolas de medicina funcionavam. Tirou os alunos das frias salas de aula e levou-os para as alas dos hospitais a fim de interagirem com os pacientes. Acreditava que os alunos aprendiam mais e melhor com os próprios pacientes.

A paixão de Osler, porém, era ensinar a compaixão aos médicos. Certa vez, ele disse a um grupo de alunos:

> Existe um forte sentimento entre as pessoas — vejam nos jornais — de que nós, médicos, nos dedicamos exclusivamente à ciência; de que nos importamos mais com a doença e seus aspectos científicos do que com os indivíduos... Insisto que vocês, ao praticarem a medicina, se importem com os pacientes especialmente como indivíduos... Como lidamos com a pobre humanidade sofredora, vemos o ser humano sem máscara, exposto em toda a sua fragilidade e fraqueza. É preciso que vocês mantenham o coração doce e terno ou então terão um desprezo grande demais por seus semelhantes.

A habilidade de Osler em mostrar compaixão e construir relacionamentos pode ser exemplificada pelo tratamento que dispensou a uma paciente durante a epidemia de gripe e pneumonia de 1918.

Osler geralmente restringia seu trabalho a hospitais, mas, pela magnitude da epidemia, tratou de muitos pacientes nas residências. A mãe de uma garotinha contou como Osler visitava sua filha duas vezes por dia, falando gentilmente com ela e brincando para distraí-la e obter informações sobre seus sintomas.

Em um dia, sabendo que a garotinha estava prestes a morrer, Osler chegou com uma linda rosa vermelha embrulhada em um papel — a última rosa do verão, cultivada no jardim dele. Deu a rosa à menina, explicando que até mesmo as rosas não podiam ficar em um lugar pelo tempo que queriam, mas tinham de ir para uma nova casa. A menina pareceu confortada pelas palavras e pelo presente. Ela morreu alguns dias depois.

Osler morreu no ano seguinte. Um de seus colegas britânicos disse sobre ele:

> Assim ele entrou para a história, prematuramente, apesar de ter aproveitado seu tempo tão limitado, o maior médico de todos os tempos... Acima de tudo, foi como amigo que nós consideramos Osler durante toda a sua vida; como aquele que possuía o dom da amizade em um nível mais elevado que qualquer outro em nossa geração. Sua característica excepcional foi seu maravilhoso interesse em todos nós... Era de sua humanidade, de seu extraordinário interesse pelo próximo que todas as suas outras qualidades pareciam fluir.

Fundamentação

A habilidade de trabalhar com pessoas e desenvolver relacionamentos é absolutamente indispensável para a liderança eficiente. De acordo com a edição de maio de 1991 da revista *Executive Female*, realizou-se uma pesquisa entre empregadores para identificar quais eram as três características principais que eles buscavam nos empregados. A número 1 da lista foi a habilidade de se relacionar com as pessoas: 84% responderam que buscavam boa capacidade de interação pessoal. Somente 40% indicaram formação e experiência entre as três qualidades. Se é necessário que *os empregados* tenham boa capacidade de interação pessoal, imagine quanto essa capacidade é mais importante para os *líderes*. As pessoas realmente desejam se relacionar com aqueles com quem se dão bem. Embora seja possível alguém ter capacidade de interação pessoal e não ser um bom líder, não é possível ser um bom líder sem ter capacidade de interação pessoal.

O que uma pessoa pode fazer para administrar e desenvolver bons relacionamentos como líder? Três coisas são necessárias:

1. Tenha a cabeça de um líder — entenda as pessoas

A primeira qualidade de um líder que se relaciona bem é a capacidade de entender como as pessoas pensam e sentem. À medida que você trabalha com outras pessoas, observe como todas elas, sejam líderes, sejam seguidores, têm algumas coisas em comum:

> Elas gostam de se sentir especiais, por isso faça elogios sinceros.
> Elas desejam um futuro melhor, por isso mostre-lhes esperança.
> Elas desejam direcionamento, por isso seja o navegador.
> Elas são egoístas, por isso fale primeiro às necessidades delas.
> Elas se sentem desanimadas emocionalmente, por isso encoraje-as.
> Elas desejam sucesso, por isso ajude-as a vencer.

Reconhecendo essas verdades, um líder ainda deve ser capaz de tratar as pessoas como indivíduos. A habilidade de olhar para cada pessoa, entendê-la e ligar-se a ela é um fator essencial no sucesso interpessoal. Significa dar a cada uma delas um tratamento diferenciado, não o mesmo para todas. O especialista em marketing Rod Nichols observa que isso é particularmente importante nos negócios: "Se você tratar todos os clientes da mesma maneira, só fechará de 25 a 30% de seus contatos, porque só fecha um tipo de personalidade. Mas se aprender como trabalhar eficientemente com todos os quatro tipos de personalidade, é possível que feche 100% de seus contatos."

Essa sensibilidade pode ser chamada de fator flexível da liderança. Você precisa ser capaz de adaptar seu estilo de liderança à pessoa que está liderando.

2. Tenha o coração de um líder — ame as pessoas

O presidente e CEO da empresa Difinitive Computer Services, Henry Gruland, captou esta ideia: "Ser um líder é mais do que querer liderar. Os líderes têm empatia pelos outros e uma profunda habilidade de descobrir o melhor das pessoas... não o pior... ao se importarem realmente com elas."

Você não pode ser um líder de fato eficiente, do tipo que as pessoas *desejam* seguir, a menos que ame as pessoas. Nas palavras do físico Albert Einstein: "Estranha é nossa situação aqui na terra. Cada um de nós chega para uma rápida visita, sem saber por que ainda que às vezes pareça ter descoberto um propósito. Entretanto, do ponto de vista da vida cotidiana, há uma coisa que de fato sabemos: que o homem está aqui por causa dos outros homens."

3. Estenda a mão de um líder — ajude as pessoas

Le Roy H. Kurtz, da General Motors, afirmou: "Os campos da indústria estão cheios dos ossos daquelas organizações cuja liderança apodreceu, que acreditava em tomar em vez de dar... que não percebia que o único bem que não podia ser facilmente substituído era o ser humano." As pessoas respeitam um líder que tem em mente os interesses delas. Se seu foco reside naquilo que você pode acrescentar às pessoas em vez do que pode obter delas, elas o amarão e respeitarão — o que cria uma grande base para a construção de relacionamentos.

Reflexão

Como está sua capacidade de interação pessoal? Você se dá bem com estranhos? Interage bem com qualquer tipo de pessoa? Consegue encontrar pontos comuns rapidamente? E quanto a relacionamentos de longo prazo? Você é capaz de manter os relacionamentos? Se sua capacidade de interação pessoal for fraca, sua liderança sofrerá sempre.

Reforço

Para melhorar seus relacionamentos:

- *Melhore sua disposição.* Se sua capacidade de compreender as pessoas precisa ser melhorada, comece pela leitura de vários livros sobre o assunto. Recomendo as obras de Dale Carnegie, Alan Loy McGinnis e Les Parrott III. Depois, dedique mais tempo observando pessoas e conversando com elas, a fim de aplicar o que aprendeu.
- *Fortaleça seu coração.* Se você não se importa com as pessoas tanto quanto poderia, precisa tirar o foco de si mesmo. Faça uma lista de pequenas coisas que poderia fazer para valorizar seus amigos e colegas. Então, tente fazer uma delas diariamente. Não espere até sentir vontade de ajudar os outros. Siga sua intuição.
- *Corrija um relacionamento infeliz.* Pense em um relacionamento longo e valioso que fracassou. Faça o que estiver a seu alcance para reconstruí-lo. Entre em contato com a pessoa e tente ligar-se a ela novamente. Se você brigou com alguém, assuma a responsabilidade de sua parte e desculpe-se. Tente entender, amar e servir essa pessoa de uma maneira melhor.

Ação diária

Em um conto intitulado The Capitol of the World, o escritor e Prêmio Nobel Ernest Hemingway conta a história de um pai e seu filho adolescente, Paco, cujo relacionamento se rompe. Após o filho fugir de casa, o pai inicia uma longa viagem à procura dele. Finalmente, como último recurso, o homem coloca um anúncio em um jornal de Madri, que dizia: "Querido Paco, encontre-me na frente do prédio do jornal amanhã ao meio-dia... tudo está perdoado... eu amo você". Na manhã seguinte, em frente ao prédio do jornal, encontravam-se 800 homens chamados Paco, desejando recuperar um relacionamento rompido. Nunca subestime o poder dos relacionamentos na vida das pessoas.

16. Responsabilidade

Se você não tomar as rédeas, não conseguirá liderar o time

O sucesso em qualquer escala importante exige que você aceite responsabilidade... Em última análise, a única qualidade que toda pessoa bem-sucedida possui é a habilidade de assumir responsabilidade.
> Michael Korda, *editor-chefe da Simon & Schuster*

Um líder pode desistir de qualquer coisa — exceto da responsabilidade final.
> John C. Maxwell

O álamo revisitado

No final de 1835, um grupo de rebeldes texanos sitiou um pequeno forte, no passado uma igreja, em San Antonio, Texas. No fim do ano, os soldados mexicanos que defendiam o forte se renderam e foram para o sul, deixando o forte nas mãos dos rebeldes. O nome da antiga igreja era Álamo.

Essa ação preparou a cena de um dos maiores eventos heroicos da história dos Estados Unidos. A batalha que se travou ali, de fevereiro a março do ano seguinte, é uma história de grande coragem e de incrível responsabilidade.

A batalha no Álamo entre colonos americanos e o Exército mexicano era inevitável. Por 25 anos, os cidadãos do Texas repetidamente tentaram conquistar a independência do governo mexicano, e todas as vezes as tropas mexicanas eram logo despachadas para sufocar a rebelião. Dessa vez, porém, foi diferente. O forte foi dominado por um grupo resoluto de 183 voluntários, inclusive soldados veteranos e homens da fronteira como William Travis, Davy Crockett e Jim Bowie. O lema deles era: "Vencer ou morrer."

No final de fevereiro, milhares de soldados mexicanos, sob o comando de Antonio Lopez de Santa Anna, marcharam para San Antonio e sitiaram o Álamo. Quando os mexicanos ofereceram os termos da rendição, os defensores dos rebeldes mantiveram-se firmes. E, mesmo quando o inimigo disse que, se houvesse resistência, não teriam clemência, os americanos não se moveram.

Quando se conscientizaram de que a batalha seria inevitável, os texanos enviaram um jovem com a missão de tentar trazer reforços do exército texano. Seu nome era James Bonham. Ele se esgueirou da antiga igreja à noite e percorreu cerca de 150 quilômetros até Goliad para conseguir ajuda. Quando chegou lá, porém, soube que não havia nenhuma tropa disponível.

Durante onze dias, Santa Anna cercou o Álamo. Na manhã de 6 de março de 1836, o exército mexicano irrompeu contra a velha igreja. No final da batalha, nenhum dos 183 defensores sobreviveu. Entretanto, conseguiram levar 600 soldados inimigos também para o túmulo.

O que aconteceu com James Bonham, o mensageiro enviado a Goliad? Teria sido fácil para ele simplesmente ir embora, mas seu senso de responsabilidade era grande demais. Ele viajou de volta ao Álamo, atravessou as linhas inimigas e juntou-se a seus camaradas de modo a permanecer, lutar e morrer com eles.

Embora os americanos tivessem sido derrotados no Álamo, essa batalha foi o ponto crucial na guerra contra o México. "Lembrem do Álamo" tornou-se o grito nas batalhas subsequentes, arregimentando apoio contra o general Santa Anna e suas tropas. Menos de dois meses depois, o Texas assegurou sua independência.

Fundamentação

É raro em nossa cultura atual vermos o tipo de responsabilidade demonstrada por James Bonham e seus companheiros. Hoje as pessoas concentram-se mais em seus direitos do que em suas responsabilidades. Refletindo sobre essas atitudes modernas, meu amigo Haddon Robinson observou: "Se você deseja enriquecer, invista em processos de indenização. Este é o setor que mais cresce nos Estados Unidos." Ele destaca que milhões de pessoas estão enriquecendo por meio da identificação, representação, entrevista, tratamento, seguro e aconselhamento de vítimas.

Bons líderes jamais adotam a postura de vítima. Reconhecem que sua identidade e posição é de sua própria responsabilidade — não de seus pais, cônjuges, filhos, governo, patrões ou colegas de trabalho. Enfrentam tudo que a vida lhes apresenta e fazem o melhor que podem, sabendo que só terão oportunidade de liderar o time se provarem que são capazes de tomar as rédeas.

Observe as seguintes características das pessoas que assumem responsabilidade:

1. *Executam a tarefa com empenho*

Em um estudo sobre milionários que se fizeram por esforço próprio, o Dr. Thomas Stanley, da Universidade da Geórgia, descobriu que todos têm uma coisa em comum: trabalham duro. Perguntaram a um milionário por que ele trabalhava de 12 a 14 horas por dia. Ele respondeu:

"Levei 15 anos, trabalhando em uma grande empresa, para perceber que em nossa sociedade você trabalha 8 horas por dia para sobreviver, e se você trabalha apenas 8 horas por dia, tudo o que consegue é sobreviver... O que excede as 8 horas é um investimento para seu futuro." Ninguém pode alcançar seu potencial máximo fazendo o mínimo.

Como as pessoas mantêm uma atitude proativa e responsável? Elas se consideram autônomas. Se você deseja alcançar mais e conquistar credibilidade com seus seguidores, adote esse modo de pensar. Ele pode levá-lo longe.

2. Estão dispostas a ir além

Pessoas responsáveis nunca reclamam: "Isso não é trabalho meu." Estão dispostas a fazer o que for preciso para finalizar o trabalho necessário à empresa. Se você deseja ter sucesso, esteja disposto a colocar a empresa antes de seus compromissos.

3. São impelidas pela excelência

A excelência é um grande agente motivador. As pessoas que desejam a excelência — e trabalham duro para alcançá-la — quase sempre são responsáveis. Ao darem tudo de si, elas vivem em paz. O especialista em sucesso Jim Rohn diz: "O estresse é resultado de se fazer menos do que se é capaz." Faça da alta qualidade seu objetivo, e a responsabilidade virá naturalmente.

4. Produzem, independentemente da situação

A qualidade mais importante de uma pessoa responsável é a capacidade de concluir. Em *An Open Road*, Richard L. Evans afirma: "É inestimável encontrar uma pessoa que assume responsabilidade, que conclui e observa diligentemente os detalhes finais — saber que, quando alguém aceitou uma tarefa, ela será eficiente e conscientemente concluída." Se você quer liderar, terá de produzir.

Reflexão

Gilbert Arland aconselha: "Quando um arqueiro erra o alvo, ele revê a ação e procura a falha em si mesmo. O fracasso em atingir o centro do alvo nunca se deve ao alvo. Para melhorar sua pontaria, aperfeiçoe-se."

Você acerta o alvo no tocante à responsabilidade? Os outros o veem como alguém que conclui tarefas? As pessoas olham para você como alguém capaz de tomar as rédeas em situações de pressão? Você é conhecido pela excelência? Se você não tem obtido o mais alto desempenho, talvez precise desenvolver um senso mais forte de responsabilidade.

Reforço

Para aperfeiçoar seu senso de responsabilidade:

- *Esteja atento às circunstâncias.* Apesar das situações difíceis, às vezes é possível que a incapacidade de deliberar se deva a um problema de persistência. A próxima vez em que você estiver em uma situação em que deixará de cumprir um prazo, um contrato ou não conseguirá desenvolver um programa, pare e pense em como obter sucesso. Pense nas opções não usuais. Você pode virar a noite trabalhando? Pode pedir ajuda a um colega? Pode contratar um membro da equipe ou encontrar um voluntário para ajudá-lo? A criatividade pode trazer responsabilidade à vida.
- *Admita o que não está suficientemente bom.* Se você tem dificuldade em alcançar a excelência, talvez tenha reduzido seus padrões. Procure em sua vida pessoal as áreas em que você perdeu o controle das coisas. Faça, então, mudanças para estabelecer padrões mais elevados. Isso o ajudará a restabelecer a base da excelência para você mesmo.
- *Encontre ferramentas melhores.* Se você descobrir que seus padrões são elevados, sua atitude é boa e você trabalha duro e de forma coerente — e mesmo assim não obtém êxito do modo que gostaria — equipe-se melhor. Aperfeiçoe sua habilidade participando de cursos, lendo livros e ouvindo fitas. Procure um mentor. Faça o que for possível para se tornar melhor naquilo que faz.

Ação diária

Um detento da Penitenciária de Butte, na Califórnia, explicou sua ausência da cela aos guardas da prisão: "Eu estava treinando salto com vara, cheguei muito perto do muro e caí por cima dele. Quando recobrei a consciência, corri em volta para tentar encontrar um caminho para dentro da penitenciária, mas como não conheço a região, acabei me perdendo. Quando dei por mim, estava em San Francisco." Raramente as pessoas percebem quão fracas são suas justificativas até ouvirem as de outras pessoas.

17. Segurança

A competência nunca elimina a insegurança

Você não pode liderar pessoas se precisar delas.
JOHN C. MAXWELL

Um homem nunca será um grande líder se desejar fazer tudo sozinho ou receber todo o crédito por fazê-lo.
ANDREW CARNEGIE, *industrial*

Uma constituição de ferro e segurança condizente

Durante o governo de Ronald Reagan, os líderes de sete nações industrializadas reuniram-se na Casa Branca para discutir política econômica. Regan contou que durante a reunião se deparou com o primeiro-ministro canadense Pierre Trudeau repreendendo duramente a primeira-ministra britânica Margaret Thatcher, dizendo que ela estava totalmente errada e que sua política não iria funcionar. Ela permaneceu ali, parada diante dele, de cabeça erguida, ouvindo-o até que concluísse. Só então ela se afastou.

Imediatamente após o confronto, o presidente Ronald Reagan alcançou-a e disse:

— Maggie, ele jamais deveria ter falado com você daquela maneira. Ele estava errado, totalmente errado. Por que você deixou que ele continuasse?

Thatcher olhou para Reagan e respondeu:

— Uma mulher tem de saber quando um homem está sendo simplesmente infantil.

Essa história caracteriza de fato Margaret Thatcher. Para ser bem-sucedida como líder mundial, a pessoa tem de ser forte e segura. E isso se aplica especialmente quando se trata de uma mulher.

Durante sua vida, Margaret Thatcher nadou continuamente contra a corrente. Como aluna na Universidade de Oxford, ela se formou em Química, uma área dominada por homens, e foi a primeira mulher a se tornar presidente da Oxford University Conservative Association. Alguns anos mais tarde, formou-se em Direito e trabalhou como consultora tributarista.

Em 1959, Thatcher entrou para a política, outra profissão predominantemente masculina, ao ser eleita membro do Parlamento. Analítica, articulada e calma sob ataque, era frequentemente solicitada por seu partido para enfrentar os oponentes em debates. Sua habilidade e convicção podem ter sido moldadas por uma atitude que aprendeu com seu pai, que lhe dizia: "Não siga a multidão; decida por si mesma."

Sua forte determinação e alta competência lhe valeram vários postos no governo. Foi durante seu mandato como Secretária de Estado para a Educação e Ciência que se referiram a ela como "a mulher mais impopular da Inglaterra". Thatcher, porém, não se abalou com as críticas. Continuou trabalhando duro e conquistando o respeito das pessoas. Sua recompensa foi ser a primeira mulher a ocupar o cargo de primeiro-ministro da Inglaterra.

Nesse cargo, continuou a enfrentar críticas. Ela suportou insultos pela privatização de empresas estatais, pela redução da influência dos sindicatos, pelo envio de tropas às Ilhas Falkland (Malvinas) e pela manutenção de uma política conservadora contra a União Soviética. Entretanto, independentemente da crueldade das críticas dirigidas a ela, Thatcher permanecia firme em suas convicções e mantinha o autorrespeito. Certa vez ela disse: "Para mim, o consenso parece ser o processo de abandono de todas as crenças, princípios, valores e políticas para se buscar algo em que ninguém acredita... Que grande causa seria defendida e vencida sob a bandeira: 'Sou a favor do consenso'?"

Thatcher defendia a convicção na liderança. Como resultado, a "Dama de Ferro", como era chamada, foi eleita primeira-ministra por três vezes consecutivas. Ela foi o único líder britânico da era moderna a consegui-lo.

Fundamentação

Margaret Thatcher parecia não ter nenhuma dúvida em relação a ela ou a suas crenças. Como resultado, era absolutamente segura na liderança. É o caso de todos os grandes líderes. Ninguém pode viver de um modo incoerente com sua autoimagem. Você já deve ter observado isso nas pessoas. Se alguém se vê como um perdedor, encontrará uma maneira de perder. Sempre que o sucesso ultrapassa sua segurança, o resultado é autodestruição. Isso não se aplica apenas aos seguidores mas também aos líderes.

Líderes inseguros são perigosos — para si mesmos, seus seguidores e para a organização que lideram — porque uma posição de liderança acentua as falhas pessoais. Qualquer bagagem negativa de sua vida fica mais difícil de carregar quando você está tentando liderar outras pessoas.

Líderes inseguros têm vários traços em comum:

1. *Não passam segurança para as pessoas*

Um velho ditado diz: "Ninguém dá aquilo que não tem." Assim como pessoas sem habilidades não podem compartilhar habilidades com os outros, pessoas inseguras não podem fazer os outros se sentirem seguros. Para que uma pessoa se torne um líder eficiente, do tipo que as pessoas *desejam* seguir, é preciso que ela faça seus seguidores se sentirem bem consigo mesmos.

2. *Tomam mais do que dão*

Pessoas inseguras estão em uma busca contínua de afirmação, reconhecimento e amor. Por isso, o foco delas é encontrar segurança, não instilar segurança nos outros. São basicamente receptores e não doadores — e receptores não são bons líderes.

3. *Limitam continuamente seus melhores seguidores*

Mostre-me um líder inseguro e eu lhe mostrarei alguém que não pode comemorar verdadeiramente a vitória de seus seguidores. Ele pode até mesmo impedir que seus seguidores tenham vitórias. Ou tenta receber os créditos pelo bom trabalho da equipe. Como menciono em *As 21 irrefutáveis leis da liderança*, só líderes seguros delegam poder aos outros. Essa é a Lei do Fortalecimento. Um líder inseguro, porém, retém o poder. De fato, quanto mais competentes forem seus seguidores, mais ameaçado ele se sente — e mais se empenhará em limitar o sucesso e o reconhecimento deles.

4. *Limitam continuamente a organização*

Quando os liderados são prejudicados insidiosamente e não recebem reconhecimento, perdem o ânimo e finalmente deixam de usar seu potencial no desempenho das funções. Quando isso ocorre, toda a organização sofre.

Por outro lado, os líderes seguros são capazes de acreditar nas outras pessoas porque creem em si mesmos. Não são arrogantes; conhecem seus pontos fortes e fracos e respeitam a si próprios. Não se sentem ameaçados pelo sucesso de seus liderados. Fazem o possível para reunir as melhores pessoas e aperfeiçoá-las de modo que possam trabalhar no nível mais elevado. Quando a equipe de um líder seguro tem sucesso, ele se alegra com isso. Ele vê o sucesso da equipe como o maior elogio que ele pode receber por sua capacidade como líder.

Reflexão

Em que medida você entende e respeita a si mesmo? Você conhece seus pontos fortes e se sente satisfeito com eles? Você reconheceu seus pontos fracos e aceitou aqueles que não pode mudar? Quando uma pessoa tem consciência de que possui determinado tipo de personalidade e dons únicos, é capaz de apreciar melhor os pontos fortes e o sucesso de outras pessoas.

Até onde você se sente seguro como líder? Quando um liderado apresenta uma excelente ideia, você o apoia ou reprime? Você comemora as vitórias de seus liderados? Quando sua equipe tem sucesso, você atribui o crédito aos membros que a compõem? Se a resposta for negativa, talvez você esteja lidando com insegurança, o que pode estar limitando você, sua equipe e sua organização.

Reforço

Para melhorar sua segurança:

- *Conheça a si mesmo.* Se a autoconsciência não é um atributo natural em você, dedique algum tempo para se conhecer. Faça um teste de personalidade, como os elaborados por Myers-Briggs ou Florence Littauer. Peça a várias pessoas que o conhecem bem para relacionar seus três maiores talentos e seus três maiores defeitos. Não tome uma atitude defensiva ao ouvir as respostas; reúna as informações e, então, reflita sobre elas.
- *Distribua créditos.* Talvez você não acredite que possa ter sucesso se os outros receberem elogios pelo trabalho que sua equipe está

desenvolvendo. Tente. Se você ajudar cada um e reconhecer a contribuição deles, ajudará suas carreiras, levantará o moral da equipe e melhorará a organização. E isso mostrará você como um líder eficiente.
- *Peça ajuda.* Se você não consegue superar sozinho os sentimentos de insegurança, busque ajuda profissional. Chegue à raiz do problema com o acompanhamento de um bom terapeuta, não só para seu próprio benefício, como também para o bem de toda a sua equipe.

Ação diária

O romancista francês Honoré de Balzac era um profundo observador da natureza humana. Ele procurou captar um quadro completo da civilização moderna em sua grande obra A *comédia humana*. Certa vez, observou: "Não há empecilho maior ao bom relacionamento com os outros do que estar mal consigo mesmo." Não deixe que a insegurança o impeça de alcançar seu potencial.

18. Autodisciplina

A primeira pessoa que você lidera é você mesmo

A primeira e maior vitória é a conquista de si mesmo.
PLATÃO, *filósofo*

Não se pode dizer que um homem sem firmeza de caráter pertença a si mesmo... Ele pertence a qualquer coisa que possa cativá-lo.
JOHN FOSTER, *escritor*

O rei do morro

A estrada que leva ao topo é difícil. Não são muitas as pessoas que já alcançaram a posição em que são consideradas uma das melhores em sua área. E mais raras ainda são aquelas consideradas as melhores — de todos os tempos. Apesar disso, Jerry Rice chegou lá. Ele é considerado o melhor receptor de futebol americano, e todos os seus recordes comprovam isso.

As pessoas que o conhecem bem dizem que ele tem um dom natural. Seus atributos físicos são naturalmente incríveis. Ele tem tudo o que um técnico sonha em um receptor. O técnico Bill Walsh, da Galeria da Fama Norte-Americana, disse: "Não creio que haja outro cara igual a ele fisicamente." Entretanto, não foi só isso que o tornou um grande jogador. A verdadeira chave do sucesso de Jerry Rice é a autodisciplina. Ele trabalha e treina — dia sim, dia não — mais do que qualquer outro jogador profissional.

A história da capacidade de Rice em exigir o máximo de si mesmo pode ser narrada por suas experiências ao conquistar morros. A primeira foi na escola secundária. No final de cada treino, Charles Davis, técnico da B. L. Moor High School, costumava fazer os jogadores subir e descer 20 vezes um morro de 36,5 metros. Em um dia particularmente quente e abafado em Mississippi, Rice estava para desistir depois da 11ª vez. Quando se arrastava para o vestiário, percebeu o que estava fazendo. "Não desista", disse a si mesmo, "porque assim que você se acostumar a desistir, vai achar que está certo". Ele voltou e terminou as 20 voltas e desde então nunca mais desistiu.

Como jogador profissional, tornou-se famoso pela capacidade de subir outro morro: a pista íngreme de quatro quilômetros do parque de San Carlos, na Califórnia, onde Rice pratica uma parte regular de seu programa de treinamento. Outros jogadores famosos tentam acompanhá-lo, mas ficam para trás, atônitos com a energia de Rice. Essa, porém, é apenas uma parte do treinamento regular de Rice. Mesmo fora das temporadas, enquanto os outros jogadores estão pescando ou em férias, Rice continua treinando. Sua rotina normal de exercícios começa às sete horas da manhã e estende-se até o meio-dia.

"O que muita gente não compreende sobre Jerry é que para ele o futebol é uma coisa de doze meses por ano", diz Kevin Smith, lateral da Liga Nacional de Futebol Americano. "Ele tem dons naturais, mas mesmo assim trabalha. É isso que distingue o bom do grande". Recentemente Rice escalou outro morro em sua carreira: recuperou-se de uma contusão gravíssima. Em 19 temporadas, ele nunca estivera fora de um jogo — um testemunho de sua ética de disciplina e absoluta tenacidade. Quando ele machucou o joelho, em 31 de agosto de 1997, todos acharam que estaria fora do restante da temporada. Afinal, apenas um jogador tivera o mesmo tipo de contusão e voltara na mesma temporada: Rod Woodson, que recuperou o joelho em quatro meses e meio. Rice recuperou-se em três meses e meio — pela extrema firmeza de caráter, determinação e incrível autodisciplina. Ninguém tinha visto algo semelhante antes, e talvez nunca mais vissem. Rice continua colecionando recordes e fama enquanto ajuda seu time a vencer.

Fundamentação

Jerry Rice é um exemplo perfeito do poder da autodisciplina. Ninguém alcança e mantém o sucesso sem ela. Sejam quais forem os dons de um líder, eles nunca atingirão o potencial máximo sem autodisciplina. Ela permite que o líder chegue ao nível mais elevado e é um fator chave para a liderança duradoura.

Se você deseja se tornar um líder, para quem a autodisciplina é um trunfo, siga essas ações:

1. *Desenvolva e siga suas prioridades*

A pessoa que só faz o que precisa ser feito quando está de bom humor ou quando lhe é conveniente não será bem-sucedida, e as pessoas não a respeitarão nem a seguirão. Certa vez, alguém disse: "Para executar tarefas importantes são necessárias duas coisas: um plano e não ter tempo suficiente." Como líder, você já tem muito pouco tempo. Então, tudo de que precisa é um plano. Se puder determinar o que realmente é prioridade e desvencilhar-se do restante, será bem mais fácil prosseguir naquilo que é importante. Essa é a essência da autodisciplina.

2. Faça de um estilo de vida disciplinado seu objetivo

Ao observar uma pessoa altamente disciplinada, como Jerry Rice, deve-se perceber que não se pode ser bem-sucedido e autodisciplinado apenas em uma atividade. Tem de se tornar um estilo de vida.

Uma das melhores maneiras de fazê-lo é pelo desenvolvimento de sistemas e rotinas, principalmente nas áreas fundamentais para seu crescimento e sucesso a longo prazo. Por exemplo, por escrever e fazer palestras continuamente, leio e arquivo materiais para uso futuro todos os dias. Desde que tive um ataque cardíaco em dezembro de 1998, faço exercícios todas as manhãs. Não se trata de algo que realizarei apenas durante uma temporada. Farei isso todos os dias, pelo resto da vida.

3. Oponha-se a suas desculpas

Para desenvolver uma estilo de vida disciplinado, uma de suas primeiras tarefas deve ser enfrentar e eliminar qualquer tendência de apresentar desculpas. Segundo o escritor francês François La Rochefoucauld: "Quase todas as nossas falhas são mais perdoáveis do que os métodos que concebemos para escondê-las." Se você apresenta várias razões para justificar sua falta de disciplina, observe que elas não passam de um monte de desculpas. Se você deseja crescer como líder, precisa enfrentá-las.

4. Suspenda as recompensas até que o trabalho esteja feito

O escritor Mike Delaney observou com sabedoria: "Qualquer empresa ou indústria que ofereça a mesma recompensa aos negligentes e aos diligentes, cedo ou tarde terá em seu quadro mais negligentes do que diligentes." Se você não tem autodisciplina, talvez tenha o hábito de comer a sobremesa antes da salada.

Uma história ilustra o poder de controlar as recompensas. Um casal de idosos estava em um acampamento havia alguns dias quando uma família veio instalar-se na área ao lado. Assim que o utilitário estacionou, o casal e os três filhos desceram rapidamente. Uma das crianças correu para descarregar as caixas de comida, mochilas e outros itens, enquanto as outras duas rapidamente montaram as barracas. Em quinze minutos, o acampamento estava montado.

O casal de idosos estava surpreso.

— Certamente vocês trabalham muito bem juntos, disse admirado o homem idoso ao pai das crianças.

— Você precisa de um sistema, respondeu o pai —, ninguém vai ao banheiro até que o acampamento esteja pronto.

5. Mantenha sua atenção nos resultados

Sempre que você se concentra na dificuldade que o trabalho apresenta em vez de em seus resultados ou recompensas, provavelmente se sentirá desencorajado. Insista nisso e desenvolverá autopiedade em vez de autodisciplina. A próxima vez que estiver diante de uma tarefa que tem de ser feita e pensar em fazer o que é conveniente em vez de pagar o preço, mude seu foco. Pense nos benefícios de fazer o que é certo e vá fundo.

Reflexão

O escritor H. Jackson Brown Jr. observou: "Talento sem autodisciplina é como um polvo de patins: há muito movimento, mas nunca se sabe se irá para frente, para trás ou para os lados." Se você sabe que possui talento e tem feito muito movimento mas com poucos resultados concretos, talvez lhe esteja faltando autodisciplina.

Olhe sua agenda da semana passada. Quanto de seu tempo dedicou a atividades regulares e disciplinadas? Você fez alguma coisa para crescer ou melhorar profissionalmente? Participou de atividades voltadas à saúde? Dedicou parte de sua renda à poupança ou a investimentos? Se você está deixando essas coisas de lado, dizendo a si mesmo que as fará mais tarde, deve trabalhar mais na área da autodisciplina.

Reforço

Para melhorar sua autodisciplina:

- *Organize suas prioridades.* Pense em duas ou três áreas de sua vida que considera as mais importantes. Anote-as juntamente com o tipo de disciplina que precisa desenvolver para continuar crescendo e

melhorando em cada área. Elabore um plano para que essas ações adquiram uma periodicidade diária ou semanal em sua vida.
- *Relacione as razões*. Use algum tempo para relacionar os benefícios de praticar essas ações que você acabou de anotar. Coloque a relação em um lugar que possa ser vista diariamente. Nos dias em que não quiser fazer o que determinou, leia novamente a lista.
- *Livre-se das desculpas*. Anote cada razão por que você não foi capaz de cumprir sua disciplina. Leia as razões. Você deve recusá-las, pois são desculpas. Mesmo que um motivo pareça legítimo, encontre uma solução para superá-lo. Não deixe nenhuma razão que possa levá-lo a desistir. Lembre-se: só a disciplina é capaz de permitir que você obtenha o poder de realizar seus sonhos.

Ação diária

Uma enfermaria canadense tem um quadro na parede com as seguintes palavras: "O melhor momento de se plantar uma árvore é 25 anos atrás... O segundo melhor momento é hoje." Plante a árvore da autodisciplina em sua vida hoje.

19. SER PRESTATIVO

Para estar na frente, coloque os outros em primeiro lugar

O verdadeiro líder é prestativo. Serve as pessoas. Faz o melhor pelo interesse delas, e ao fazê-lo nem sempre será popular, nem sempre chega a impressionar. Entretanto, por serem mais motivados pelo amor ao próximo do que pelo desejo de glória pessoal, os verdadeiros líderes estão dispostos a pagar o preço.
EUGENE B. HABECKER, *escritor*

Você deve amar seus liderados mais do que sua posição.
JOHN C. MAXWELL

Em terreno instável

Não faz muito tempo que os americanos conheceram o general H. Norman Schwarzkopf, do Exército americano. Ele demonstrou uma capacidade de liderança altamente bem-sucedida ao comandar as tropas aliadas na Guerra do Golfo — como fizera em toda a sua carreira, desde o início em West Point.

Em *As 21 irrefutáveis leis da liderança*, relatei como durante a Guerra do Vietnã o general transformou um batalhão inseguro. O 1º Batalhão da 63ª Infantaria — conhecido como "o pior da Sexta" — deixou de ser motivo de chacota: tornou-se um batalhão de combate eficiente e foi selecionado para realizar uma missão muito difícil. A missão revelou-se uma tarefa que Schwarzkopf descreveu como "um lugar horrível, maligno" chamado Península Bataan. A região, que estava sendo disputada há mais de trinta anos, foi coberta de minas e armadilhas, e por conta disso todas as semanas havia inumeras baixas.

Schwarzkopf fez o melhor que pôde em uma situação ruim. Introduziu procedimentos que reduziram drasticamente as baixas. Quando um soldado era ferido por uma mina, voava até o local para vê-lo, providenciava o transporte do ferido em seu próprio helicóptero e conversava com os demais para elevar o moral.

Em 28 de maio de 1970, um homem foi ferido por uma mina, e Schwarzkopf voou até o local do acidente. Enquanto o helicóptero transportava o ferido, outro soldado pisou em uma mina, ferindo gravemente a perna. O homem se debatia no chão, gritando e chorando de dor. Foi quando todos perceberam que a primeira mina não era apenas a única armadilha. Todos estavam bem no meio de um campo minado.

Schwarzkopf acreditava que o homem ferido poderia sobreviver e recuperar a perna — mas somente se parasse de se contorcer no chão. O general só poderia fazer uma coisa. Ele teria de caminhar até o soldado e imobilizá-lo. Schwarzkopf escreveu:

> Comecei a caminhar pelo campo minado lentamente, passo a passo, olhando para o chão, à procura de saliências que denunciassem uma mina ou pequenos pinos apontados para cima. Meus joelhos

tremiam tanto que ao dar um passo tinha de segurar e firmar a perna com as duas mãos antes de poder dar outro... Parecia que se tinham passado mil anos antes que eu chegasse até o garoto.

Schwarzkopf, um homem de aproximadamente cem quilos e que fora lutador em West Point, imobilizou então o ferido e o acalmou. Isso salvou a vida do soldado. Depois, com a ajuda de uma equipe de especialistas, o general e os demais soldados saíram do campo minado.

A qualidade que Schwarzkopf demonstrou naquele dia poderia ser descrita como heroísmo, coragem ou até imprudência. Entretanto, creio que a palavra que melhor descreve sua ação é *servir*. Naquele dia de maio, servir o soldado que estava em dificuldade era o único modo de atuar como um líder eficiente.

Fundamentação

Ao pensar no que a palavra servir significa, você imagina uma atividade desempenhada por pessoas de capacidade relativamente baixa, que ocupam as posições inferiores na escala hierárquica? Se você pensa assim, tem uma impressão errada. Ser prestativo não é uma questão de posição ou capacidade. É uma questão de atitude. Sem dúvida você já encontrou pessoas que trabalham com atendimento ao público, cuja atitude ao servir é péssima: o funcionário rude do órgão público; o garçom que não se importa em pegar seu pedido; o balconista que conversa com o amigo ao telefone em vez de atender você.

Assim como você pode perceber quando um atendente não deseja ajudar as pessoas, também consegue detectar facilmente se um líder tem um coração prestativo. Na verdade, os melhores líderes desejam ser prestativos com os outros e não com eles mesmos.

O que significa servir, ser prestativo? Um líder verdadeiramente prestativo:

1. *Coloca os outros acima de seus compromissos pessoais*

O primeiro sinal de que alguém é prestativo está na habilidade de colocar os outros acima de si próprio e de seus desejos pessoais. Significa mais do que colocar seus compromissos de lado. Significa estar deliberadamente consciente das necessidades das pessoas, disponível para ajudá-las e disposto a encarar seus desejos como importantes.

2. Possui a confiança para ser prestativo

A segurança é o ponto verdadeiramente crucial quando a questão é ser prestativo. Mostre-me alguém que pensa ser importante demais para servir, e lhe mostrarei alguém basicamente inseguro. A forma como tratamos os outros de fato reflete o que pensamos sobre nós mesmos. O filósofo e poeta Eric Hoffer apreendeu esse pensamento:

> O mais notável é que nós realmente amamos o próximo como a nós mesmos; fazemos aos outros como fazemos a nós mesmos. Odiamos os outros quando nos odiamos. Toleramos os outros quando nos toleramos. Perdoamos os outros quando nos perdoamos. Não é o amor próprio, mas sim o ódio próprio que reside na raiz dos problemas que afligem nosso mundo.

A Lei do Fortalecimento diz que só líderes seguros delegam poder aos outros. Também é verdade que só líderes seguros demonstram ser prestativos.

3. Tem a iniciativa de servir

Praticamente todas as pessoas serão prestativas se compelidas a fazê-lo. Algumas são prestativas em momentos de crise. Entretanto, você realmente pode ver o coração de alguém que toma iniciativa de servir aos outros. Grandes líderes percebem a necessidade, aproveitam a oportunidade e servem sem esperar nada em troca.

4. Não se preocupa com posição

Os líderes prestativos não se concentram na hierarquia ou na posição. Quando Norman Schwarzkopf caminhou no campo minado, a última coisa que passava por sua cabeça era a hierarquia. Tratava-se apenas de uma pessoa tentando ajudar outra. Quando muito, o fato de ser líder conferiu-lhe um sentimento maior do que sua obrigação de servir.

5. Serve por amor

O ato de servir não é motivado pela manipulação ou autopromoção. Ele é estimulado pelo amor. No final, o alcance de sua influência depende da profundidade de seu interesse pelos outros. Por isso é tão importante que o líder tenha disposição de servir.

Reflexão

Onde fica seu coração quando a questão é servir? Você deseja se tornar um líder por causa dos privilégios e benefícios? Ou é motivado pelo desejo de ajudar os outros?

Se você quer se tornar de fato o tipo de líder que as pessoas desejam seguir, terá de resolver a questão do servir. Se sua atitude é de ser servido, em vez de servir, pode estar indo ao encontro dos problemas. Se isso é um problema em sua vida, observe este conselho:

Pare de dominar as pessoas e *comece* a ouvi-las.

Pare de buscar vantagens pessoais e *comece* a se arriscar em benefício dos outros.

Pare de fazer as coisas sempre do seu jeito e *comece* a servir os outros.

Na verdade, aqueles que devem ser grandes precisam ser os mais humildes entre todos.

Reforço

Para melhorar sua capacidade de servir, observe os seguintes pontos:

- *Realize pequenos atos.* Quando foi a última vez que realizou pequenos atos gentis para outras pessoas? Comece pelas pessoas mais próximas de você: cônjuge, filhos, parentes. Encontre, hoje, maneiras de realizar pequenas coisas que mostrem aos outros que você se importa com eles.
- *Aprenda a andar devagar pela multidão.* Foi com meu pai que aprendi uma das maiores lições como um jovem líder. Chamo-a de andar devagar entre a multidão. Da próxima vez que estiver em alguma

reunião com vários clientes, colegas ou funcionários, tenha como objetivo relacionar-se com as pessoas, circulando e conversando com elas. Concentre-se em cada pessoa que encontrar. Aprenda o nome dela, caso não saiba. Procure conhecer as necessidades, os desejos, as esperanças de cada uma. Quando chegar em casa, escreva um lembrete de que você deve fazer algo em prol de cinco daquelas pessoas.

- *Mexa-se.* Se a ação de servir está nitidamente fora de sua vida, a melhor maneira de mudar isso é começar a servir. Comece a servir motivado pela razão, e no final seu coração será envolvido. Inscreva-se como voluntário em sua igreja, comunidade ou organização beneficente por seis meses. Se ao final desse período sua atitude ainda não for satisfatória, faça-o novamente. Mantenha esse compromisso até que haja mudança em seu coração.

Ação diária

Albert Schweitzer disse sabiamente: "Não sei qual será o destino de vocês, mas sei de uma coisa: aqueles entre vocês que realmente buscarem e descobrirem como servir serão felizes." Se você deseja liderar no nível mais elevado, esteja disposto a servir no mais baixo.

20. EDUCABILIDADE

Para continuar a liderar, continue a aprender

Calcule seu tempo de ouvir e ler em aproximadamente dez vezes seu tempo de falar. Isso lhe assegurará que você está em um contínuo caminho de aprendizado e autoaprimoramento.
Gerald McGinnis, presidente e CEO da Respironics, Inc.

O que importa é aquilo que você aprende depois de conhecer algo.
JOHN WOODEN, *técnico de basquete*

Sucesso disfarçado de vagabundo

Se você visse a figura de um homem baixo, com bigodinho, carregando uma bengala, usando calças largas, sapatos grandes e deselegantes e chapéu-coco, logo reconheceria Charlie Chaplin. Praticamente todas as pessoas o conhecem. Nas décadas de 1910 e 1920, ele era a pessoa mais famosa e conhecida do planeta. Se observarmos as celebridades atuais, a única pessoa no mesmo nível de popularidade de Charlie Chaplin seria Michael Jordan. Para poder avaliar qual dos dois é o maior astro, teríamos de esperar mais 75 anos para descobrir como as pessoas se lembrarão de Jordan.

Quando Chaplin nasceu, ninguém imaginou que ele seria famoso. Nascido em um lar pobre, filho de músicos ingleses, foi para as ruas ainda pequeno, quando sua mãe foi presa. Depois de anos em casas de recuperação e orfanatos, começou a trabalhar no teatro para se sustentar. Por volta dos 17 anos já era um ator veterano. Em 1914, aos 25 anos, Chaplin trabalhou para Mark Sennett dos Estúdios Keystone, em Hollywood, e recebia 150 dólares por semana. Durante o primeiro ano de sua carreira cinematográfica, fez 35 filmes trabalhando como ator, roteirista e diretor. Todos reconheceram imediatamente seu talento, e sua popularidade cresceu. Um ano depois, ele ganhava 1.250 dólares por semana. Então, em 1918, fez algo inusitado: assinou o primeiro contrato de 1 milhão de dólares da indústria do cinema. Chaplin estava rico, famoso e era considerado o produtor de filmes mais poderoso do mundo — com apenas 29 anos.

Chaplin foi bem-sucedido porque tinha grande talento e incrível disposição. Esses traços, porém, foram alimentados pela educabilidade. Ele procurava crescer, aprender e aperfeiçoar sua habilidade continuamente. Mesmo quando era o mais popular e mais bem pago ator do mundo, Chaplin não se acomodou.

Em uma entrevista, ele explicou seu desejo de melhorar:

> Quando estou assistindo a um de meus filmes, enquanto é exibido a uma plateia, presto bastante atenção às cenas que não fazem ninguém rir. Se, por exemplo, várias plateias não riem de uma cena

que considero engraçada, começo imediatamente a destrinchá-la e tento descobrir o que estava errado em sua ideia ou execução. Se ouço a mais leve risada por uma cena que eu não esperava ser engraçada, pergunto a mim mesmo por que especialmente aquilo fez alguém rir.

Esse desejo de crescer tornou-o bem-sucedido financeiramente e imprimiu um nível elevado de excelência em tudo que fazia. No passado, o trabalho de Chaplin era aclamado como um espetáculo incrível. Com o passar do tempo, foi reconhecido como um gênio da comédia. Atualmente, muitos de seus filmes são vistos como obras-primas, e ele é considerado um dos maiores produtores de filmes de todos os tempos. De acordo com o roteirista e crítico de cinema James Agee, "a pantomima mais bem elaborada, a mais profunda emoção e a poesia mais rica e mais pungente estavam presentes na obra de Chaplin".

Se ao ficar famoso Chaplin tivesse trocado sua educabilidade pela arrogante autossatisfação, seu nome estaria junto de Ford Sterling ou Ben Turpin, astros do cinema mudo totalmente esquecidos hoje em dia. Entretanto, ele continuou crescendo e aprendendo como ator, diretor e, finalmente, produtor de filmes. Quando aprendeu, por experiência própria, que os produtores ficavam à mercê dos estúdios e dos distribuidores, abriu sua própria empresa, a United Artists, junto com Douglas Fairbanks, Mary Pickford e D. W. Griffith. Sua empresa continua em atividade até hoje.

Fundamentação

Os líderes enfrentam o perigo de se contentarem com o *status quo*. Afinal, se um líder já possui influência e atingiu um nível de respeitabilidade, por que deveria continuar crescendo? A resposta é simples:

Seu crescimento determina quem você é.
Quem você é determina quem você atrai.
Quem você atrai determina o sucesso de sua organização.

Se você deseja que sua organização cresça, você tem de se manter educável. Permita-me colocar aqui cinco diretrizes que o ajudarão a desenvolver e manter uma atitude educável:

1. Cure sua doença do alvo

Ironicamente, falta de educabilidade muitas vezes está enraizada na realização. Algumas pessoas erroneamente acreditam que, se elas podem alcançar determinada meta, não precisam mais crescer. Isso pode acontecer em qualquer situação: ao obter um diploma, uma posição cobiçada, uma recompensa pessoal ou ao atingir uma meta financeira.

Entretanto, os líderes eficientes não se podem dar ao luxo de pensar dessa forma. No dia em que pararem de crescer, serão privados de seu potencial — e do potencial da organização. Lembre-se das palavras de Ray Kroc: "Enquanto você estiver verde, estará crescendo. Assim que amadurecer, começará a apodrecer."

2. Supere seu sucesso

Outra ironia da educabilidade é que o sucesso muitas vezes a dificulta. Líderes eficientes sabem que aquilo que os levou à liderança não os manterá lá. Se você foi bem-sucedido no passado, tenha cuidado. Pense: se o que você fez ontem ainda lhe parece grande, não fez muito hoje.

3. Renuncie aos atalhos

Minha amiga Nancy Dornan diz: "A distância mais longa entre dois pontos é o atalho." Não poderia ser mais verdadeiro. Paga-se um preço para tudo de valor na vida. Se você deseja crescer em determinada área, descubra o que será realmente necessário, inclusive o preço, e então esteja pronto a pagá-lo.

4. Barganhe seu orgulho

Na educabilidade é necessário admitir que não sabemos tudo, e com isso pode parecer que somos ruins. Além do mais, se continuarmos a aprender, também deveremos continuar a cometer erros. No entanto, segundo o excepcional escritor e artista Elbert Hubbard, "o maior erro que se pode cometer na vida é sempre ter medo de cometer um erro".

Não se pode ser ao mesmo tempo orgulhoso e educável. Emerson escreveu: "Para tudo que se ganha, perde-se alguma coisa." Para ganhar crescimento, desista do orgulho.

5. *Nunca cometa duas vezes o mesmo erro*

Teddy Roosevelt asseverou: "Aquele que não comete erros não faz progresso." É verdade. No entanto, o líder que continua cometendo o mesmo erro também não progride. Como um líder educável, você cometerá erros. Esqueça-os, mas lembre-se sempre do que aprendeu com eles. Senão, acabará cometendo-os novamente.

Reflexão

Quando criança, criado na região rural do Ohio, vi um cartaz em um armazém que dizia: "Se você não gosta do que está colhendo, preste atenção na semente que está plantando." Embora o cartaz fosse de propaganda de sementes, ele continha um princípio extraordinário.

Que tipo de colheita você está fazendo? Sua vida e sua liderança parecem melhorar a cada dia, mês após mês, ano após ano? Ou você continua lutando apenas para manter o que já alcançou? Se você não está onde esperava nessa fase da vida, seu problema pode ser a falta de educabilidade. Quando foi a última vez que você fez algo novo e inédito? Quando foi a última vez que você se tornou vulnerável, envolvendo-se em um assunto no qual não era especialista? Observe sua atitude em relação ao crescimento e aprendizado durante os próximos dias ou semanas e veja em que posição você se encontra.

Reforço

Para melhorar sua educabilidade:

- *Observe como você reage ao erro.* Você admite seus erros? Desculpa-se, quando necessário? Fica na defensiva? Observe-se. Pergunte a opinião de um amigo de confiança. Se você reage de forma ne-

gativa — ou nunca comete erros — precisa trabalhar mais a sua educabilidade.
- *Tente fazer algo novo.* Saia de sua rotina hoje e faça algo diferente que lhe proporcione um desenvolvimento mental, emocional ou físico. Os desafios provocam mudanças para melhor. Se você realmente deseja começar a crescer, faça dos novos desafios uma parte de suas atividades diárias.
- *Aprenda na área dos pontos fortes.* Leia de seis a doze livros por ano sobre liderança ou sua área de especialização. Continuar a crescer em uma área em que você já é um especialista evita que você se esgote e não tenha disponibilidade de aprender.

Ação diária

Depois de conquistar seu terceiro título de campeão mundial, Tuff Hedeman não fez uma grande comemoração. Foi direto para Denver, para iniciar a nova temporada — e todo o processo de novo. Comentou: "O touro não se importa com o que fiz na semana passada." Seja você um novato inexperiente ou um veterano bem-sucedido, se quer ser um campeão amanhã, seja educável hoje.

21. Visão

Você só toca aquilo que vê

A coragem de um grande líder para fazer de sua visão uma realidade vem da paixão, não da posição.
       John C. Maxwell

O futuro pertence àqueles que veem as possibilidades antes que se tornem óbvias.
    John Sculley, *ex-CEO da Pepsi e da Apple Computer*

Nenhuma tinta lascada... todos os cavalos saltam

Um dos maiores sonhadores do século 20 foi Walt Disney. Alguém capaz de criar o primeiro desenho animado sonoro, o primeiro desenho colorido e o primeiro desenho animado de longa-metragem é definitivamente uma pessoa de visão. Entretanto as obras-primas da visão de Disney foram a Disneylândia e a Disney World. A fagulha dessa visão veio de um lugar inesperado.

Quando as duas filhas de Walt Disney eram crianças, ele as levava nas manhãs de sábado a um parque de diversões em Los Angeles. Elas adoravam, e ele também. Um parque de diversões é o paraíso das crianças, com uma atmosfera maravilhosa: o cheiro da pipoca e do algodão-doce, o colorido vistoso dos cartazes anunciando as atrações e o barulho das crianças gritando no momento em que o carrinho corre ladeira abaixo na montanha-russa.

Walt Disney era especialmente fascinado pelo carrossel. À medida que se aproximava, via uma confusão de imagens vibrantes correndo em círculos ao som da música vigorosa do parque. Porém, quando ele chegava mais perto e o carrossel parava, percebia que seus olhos se haviam enganado. Disney via cavalos velhos, com a tinta desbotada e lascada. Notava ainda que apenas os cavalos da fila externa subiam e desciam. Os demais ficavam inertes, presos ao piso.

A decepção do cartunista deu-lhe uma grande inspiração. Com os olhos da mente, ele podia ver um parque de diversões onde a ilusão não se evaporava, onde as crianças e os adultos podiam sentir uma atmosfera alegre sem aquele aspecto descuidado de alguns circos e parques itinerantes. Seu sonho se transformou na Disneylândia. Como Larry Taylor afirmou em *Be an Orange*, a visão de Walt Disney poderia ser resumida assim: "Nenhuma tinta lascada. Todos os cavalos saltam."

Fundamentação

A visão é tudo para um líder. É absolutamente indispensável. Por quê? Porque a visão lidera o líder. Ela desenha o alvo. Acende e alimenta a chama interior e impele o líder para frente. Ela também acende aqueles que seguem o líder. Mostre-me um líder sem visão e eu lhe mostro alguém que não vai a lugar algum. Na melhor das hipóteses, está andando em círculos.

Para entender a visão e como ela se torna parte da vida de um bom líder, considere o seguinte:

1. *A visão começa no interior*

Quando faço conferências, às vezes alguém me pede que eu lhe forneça uma visão para sua empresa. Não posso fazê-lo. Não se pode comprar, pedir ou emprestar uma visão. Ela deve vir de dentro. Para Disney, a visão nunca foi um problema. Por sua criatividade e desejo pela excelência, ele sempre via o que *poderia* acontecer.

Se você não tem visão, olhe para dentro de si mesmo. Recorra a seus dons naturais e a seus desejos. Olhe para seu chamado, se tiver algum. E, se mesmo assim você não conseguir formar uma visão própria, considere a possibilidade de buscá-la em um líder cuja visão faz sentido para você. Torne-se seu parceiro. Foi o que Roy, irmão de Walt Disney, fez. Ele era um bom empresário e um líder capaz de fazer as coisas acontecerem, mas Walt era quem tinha a visão. Juntos formaram uma equipe notável.

2. *A visão vem de sua própria história*

A visão não é uma qualidade mística que vem do nada, como algumas pessoas parecem acreditar. Ela se desenvolve com base no passado do líder e na história das pessoas que o cercam. Foi o que aconteceu com Disney, e também com todos os líderes. Converse com qualquer líder e provavelmente descobrirá os acontecimentos-chave de seu passado que serviram como instrumento na criação de sua visão.

3. *A visão atende às necessidades dos outros*

A verdadeira visão é abrangente. Vai além do que o indivíduo pode realizar. E se tiver valor real, fará mais do que simplesmente *incluir* outras pessoas; a visão *agrega valor* à vida delas. Se você tiver uma visão que não serve outros, provavelmente ela é pequena demais.

4. A visão ajuda você a reunir recursos

Um dos benefícios mais valiosos da visão é que ela age como um ímã — atraindo, desafiando e unindo as pessoas. Também angaria finanças e outros recursos. Quanto maior for a visão, maior será o número de vencedores que ela atrairá. Quanto mais desafiadora, mais os participantes se empenharão para atingi-la. Edwin Land, fundador da Polaroid, aconselhou: "A primeira coisa que você faz é ensinar a pessoa a sentir que a visão é muito importante e praticamente impossível. Isso cria o ímpeto dos vencedores."

Reflexão

De onde vem a visão? Para encontrar a visão indispensável à liderança, você deve tornar-se um bom ouvinte. Deve ouvir várias vozes:

A voz interior

Como já disse, a visão começa no interior. Você conhece a missão de sua vida? O que instiga seu coração? Com o que sonha? Se aquilo que você busca na vida não vier de um desejo interior — do fundo do seu ser e daquilo em que acredita —, não será capaz de realizá-lo.

A voz infeliz

De onde vem a inspiração das grandes ideias? Da observação do que não funciona. O descontentamento com o *status quo* é um grande catalisador da visão. Você se encontra sob controle complacente? Ou se percebe com um grande desejo de mudar seu mundo? Nenhum grande líder da história lutou para evitar mudanças.

A voz bem-sucedida

Ninguém pode realizar grandes coisas sozinho. Para colocar em prática uma grande visão, você precisa de uma boa equipe. Entretanto, também precisa de bons conselhos de alguém que esteja à frente na jornada da liderança. Se você deseja liderar outros para a grandeza, encontre um mentor. Você tem algum conselheiro que possa ajudá-lo a aguçar sua visão?

A voz do alto

Embora seja verdade que sua visão deva vir do interior, você não deve confiná-la à limitação de suas capacidades. Uma visão realmente valiosa deve incluir Deus. Somente ele conhece suas capacidades plenas. Você já olhou além de si próprio, até mesmo além de sua própria existência, ao procurar sua visão? Se a resposta é não, é possível que você esteja perdendo seu verdadeiro potencial e o melhor da vida para você.

Reforço

Para melhorar sua visão, observe o seguinte:

- *Faça uma autoavaliação.* Se você já pensou anteriormente sobre a visão para sua vida e a articulou, avalie como você a executa. Converse com pessoas importantes, como seu cônjuge, um amigo íntimo, os principais funcionários, e peça-lhes que expressem o que eles acham de sua visão. Se eles puderem expô-la com clareza, provavelmente você a está vivenciando.
- *Anote.* Se você pensou sobre sua visão, mas nunca a colocou no papel, dedique algum tempo para fazê-lo hoje. Escrever esclarece seu pensamento. Depois de escrever, avalie os pontos que merecem o melhor de sua vida. Então persiga sua visão com tudo o que tiver.
- *Avalie suas emoções.* Se você não tem trabalhado muito em sua visão, dedique as próximas semanas ou meses pensando sobre isso. Considere o que de fato lhe causa impacto, em um nível emocional.

O que faz você chorar? _____
O que faz você sonhar? _____
O que lhe dá energia? _____

Pense também naquilo que gostaria de mudar no mundo ao seu redor. O que você vê que não é — mas poderia ser? Assim que suas ideias se tornarem mais claras, anote-as e converse com um mentor sobre elas.

Ação diária

De 1923 a 1955, Robert Woodruff ocupou a presidência da Coca-Cola. Durante esse período, desejava que a coca-cola estivesse ao alcance de todos os trabalhadores americanos em todo o mundo por 50 centavos de dólar, qualquer que fosse o custo para a companhia. Que meta ousada! Entretanto, não era nada se comparada ao quadro maior que ele via com os olhos da mente. Durante sua vida, ele queria que todas as pessoas no mundo experimentassem coca-cola.

Quando você procura no fundo de seu coração e de sua alma por uma visão, o que você vê?

Conclusão

Espero que você tenha gostado de ler *As 21 indispensáveis qualidades de um líder* e tenha aproveitado os exercícios da seção "Reforço" de cada capítulo. O objetivo desses exercícios é ajudá-lo a lidar com cada qualidade e iniciá-lo no processo de crescimento contínuo em sua vida.

Quero incentivá-lo a continuar a crescer como líder. Releia este livro periodicamente e avalie como vai seu desenvolvimento. Entre em um programa regular em que você possa com frequência ler livros, ouvir fitas e participar de conferências que ampliem seus horizontes. Quero também incentivá-lo a procurar outros líderes que possam aconselhá-lo pessoalmente ou por meio de livros e fitas. A única forma de se tornar o tipo de líder que as pessoas *desejam* seguir é continuar crescendo e aprendendo sobre liderança. Boa sorte em sua jornada.

Este livro foi composto em Joana 11/14
e impresso pela Assahi sobre avena 80g/m²
para a Thomas Nelson Brasil em 2025.